O QUE O GOVERNO FEZ COM O NOSSO DINHEIRO?

Murray N. Rothbard

O QUE O GOVERNO FEZ COM O NOSSO DINHEIRO?

1ª Edição

Mises Brasil
2013

Título original em inglês
What Has Government Done to Our Money?

Título
O QUE O GOVERNO FEZ COM O NOSSO DINHEIRO?

Autor
Murray N. Rothbard

Esta obra foi editada por:
Instituto Ludwig Von Mises Brasil
Rua Iguatemi, 448, conj. 405 – Itaim Bibi
São Paulo – SP
Tel: (11) 3704-3782

Impresso no Brasil / *Printed in Brazil*

ISBN: 978-85-8119-051-8

1ª Edição

Tradução
Leandro Augusto Gomes Roque

Revisão
Tatiana Villas Boas Gabbi

Revisão Final
Fernando Ulrich

Imagens da capa
Voloh /Shutterstock

Capa
Neuen Design

Projeto gráfico
Estúdio Zebra

Ficha Catalográfica elaborada pelo bibliotecário
Pedro Anizio Gomes – CRB/8 – 8846

R845q **ROTHBARD,** Murray N.
O que o governo fez com o nosso dinheiro?/ Murray N. Rothbard ; Tradução de Leandro Augusto Gomes Roque. -- São Paulo: Instituto Ludwig von Mises Brasil, 2013.
230p.

ISBN: 978-85-8119-051-8

1. Dinheiro 2. História Monetária 3. Inflação
4. Moeda Fiduciária 5. Sistema Bancário I. Título.

CDD – 330.332

Índices para catálogo sistemático:

1. Economia 330
2. [Bancos; Moedas; Créditos; Juros] 332

Sumário

Prefácio à edição brasileira 7
   por Fernando Ulrich

Capítulo I - Introdução 11

Capítulo II - O Dinheiro em uma Sociedade Livre
   1. O valor da troca 13
   2. Escambo 14
   3. Trocas indiretas 15
   4. Os benefícios do dinheiro 17
   5. A unidade monetária 19
   6. O formato da moeda 21
   7. A cunhagem privada 22
   8. A oferta monetária "adequada" 25
   9. O problema do "entesouramento" 29
   10. Estabilizar o nível de preços? 33
   11. Moedas paralelas 34
   12. Armazéns de dinheiro 36
   13. Resumo 45

Capítulo III - A Interferência do Governo na Moeda
   1. As receitas do governo 47
   2. Os efeitos econômicos da inflação 48
   3. O monopólio compulsório da moeda 52
   4. Adulteração 53
   5. A Lei de Gresham e a cunhagem 54

6. Resumo: o governo e a cunhagem 58
7. Permitindo aos bancos se recusarem a restituir em espécie.........59
8. O Banco Central: removendo as restrições sobre a inflação....61
9. O Banco Central: dirigindo a inflação..65
10. A saída do padrão-ouro 67
11. A moeda fiduciária e o problema do ouro 69
12. A moeda fiduciária e a Lei de Gresham 71
13. O governo e o dinheiro 73

Capítulo IV - O Colapso Monetário do Ocidente 75

Capítulo V - Posfácio 93
por Fernando Ulrich

Prefácio à edição brasileira
por Fernando Ulrich

A diversidade de temas tratados por Murray Rothbard ao longo de sua vida é realmente notável. Versando sobre economia, filosofia política, história, teoria monetária e bancária e crítica literária, Rothbard produziu obras monumentais. De tratados a livros, ensaios, artigos em revistas acadêmicas e em jornais renomados, sua produtividade no decorrer de toda a sua carreira é digna de admiração – independentemente de afinidades intelectuais.

Sua prosa direta, objetiva, clara e sempre instigante cativa leitores há décadas e faz com que suas obras propiciem uma leitura verdadeiramente prazerosa – sem jamais cair na superficialidade, apesar da linguagem simples e precisa. A presente obra é um excelente exemplo do primor de Rothbard.

A verdade é que ler Murray Rothbard é uma transformação intelectual; você nunca mais será o mesmo. Foi assim comigo e, provavelmente, será assim com você também.

Concluí minha primeira leitura da edição inglesa de "O que o governo fez com o nosso dinheiro?" em meados de 2008, em plena crise financeira mundial. Naquele momento, pouco conhecia sobre economia, muito menos sobre a chamada Escola Austríaca de economia. Mas os argumentos, a lógica, a linha de raciocínio cristalina e a contundência de suas palavras me pareceram simplesmente surpreendentes e arrebatadoras. Ao final da leitura, tive a clara sensação de que finalmente entendia a economia, de que finalmente entendia como o mundo funcionava. Era a peça que faltava no quebra-cabeça.

Entender a natureza do dinheiro é fundamental para qualquer economista – e é surpreendente o fato de que muitas faculdades no mundo sequer tratam do assunto de forma estruturada, quanto mais o estudam com profundidade. Mas não são somente economistas que precisam compreender o dinheiro. Em realidade, todos os indivíduos deveriam ter um mínimo de conhecimento do que é, como surgiu e para que ele serve. Afinal de contas, todos nós o usamos e trabalhamos diariamente para obtê-lo. Sem dúvida alguma, tanto economistas quanto leigos serão beneficiados pela leitura da presente obra.

O livro está dividido em quatro partes. Na primeira, Rothbard trata de explicar o surgimento do dinheiro em uma sociedade livre, demonstrando como o livre intercâmbio de mercadorias entre indivíduos faz com que um produto emerja como o mais líquido, tornando-se, por fim, o meio de troca universalmente aceito. Ou, simplesmente, o dinheiro. O autor prossegue destacando a evolução do dinheiro, suas propriedades, indo até o surgimento do serviço bancário e os efeitos não intencionados oriundos da violação de práticas prudentes por parte dos banqueiros.

A segunda parte lida com os efeitos da interferência governamental no âmbito monetário e bancário. Com muita destreza, Rothbard revela a enorme tentação da qual os governos sofrem de se apropriarem do dinheiro, monopolizando e/ou controlando sua produção para benefício próprio. Expondo todas as facetas das consequências da intervenção estatal, Rothbard desmascara a nociva política de inflação da moeda e seus efeitos sobre os preços dos bens e serviços. Ou, dito de outra forma, como a inflação destrói o poder de compra da moeda.

Aos leitores brasileiros, escaldados por décadas de índices de inflação de dois dígitos ou, em certos períodos, de hiperinflação, a segunda parte será muito importante e merece especial atenção. Muitos leitores, talvez, pela primeira vez entenderão o real significado de inflação. Entenderão como ela é resultado de políticas públicas, e não da ganância de empresários maldosos. Entenderão como a lei de oferta e demanda se aplica igualmente à moeda, percebendo que, quanto mais o governo a emite, menor será o seu valor unitário. Em suma, entenderão que as diversas explicações dos economistas dadas à saga inflacionária brasileira carecem de fundamento. Não há inflação de demanda, tampouco de custos. Não há por que se preocupar com a tal da inércia inflacionária, nem mesmo com o fenômeno da indexação. Basta entender que inflação é o aumento da quantidade de moeda em circulação. Simples assim[1].

Ainda nessa parte, Rothbard analisa o surgimento – ou a criação – dos bancos centrais e como eles foram frutos diretos de sucessivas intervenções e privilégios legais concedidos pelos governos à prática bancária. Ao leitor, tornar-se-á evidente a relação simbiótica entre os governos e o sistema bancário. Antes de ingressar na terceira parte, Rothbard elucida os perniciosos efeitos de uma moeda totalmente fiduciária, isto é, sem nenhum vínculo com o dinheiro mercadoria além do puro decreto governamental.

Estabelecido o marco teórico na esfera monetária e bancária nas primeiras partes da obra, Rothbard encarrega-se, então, de examinar a

---

1 O falecido senador Roberto Campos costumava enfatizar bastante esse ponto, afirmando que "o entendimento de que inflação é o aumento da emissão de moeda leva a conclusões fundamentais. Porque se entendemos que inflação é o aumento de preços, então o culpado é o empresário, pois é ele quem aumenta os preços. Mas se entendemos que inflação é o aumento da quantidade de dinheiro em circulação, aí o culpado é o governo e a coisa muda completamente de figura". É uma pena que os Fiscais do Sarney jamais entenderam essa constatação.

história monetária do Ocidente nos últimos dois séculos, dividindo-a em nove fases distintas. Na terceira parte, portanto, o autor discorre sobre a evolução da ordem monetária, apontando as diversas falhas e debilidades de cada sistema experimentado durante esse período e identificando as causas do eventual colapso de cada uma das fases.

Talvez o único ponto fraco desta obra jaza na prematura morte de Murray Rothbard no ano de 1995, o que o impediu de continuar seu estudo acerca do colapso monetário do Ocidente até os dias atuais. Dessa forma, a análise de Rothbard estende-se somente até meados de década de 70, deixando de fora, assim, períodos importantes da ordem monetária ocidental.

Mas, em virtude do turbilhão de acontecimentos dos últimos anos, com especial destaque à crise financeira de 2008, não poderíamos deixar essa enorme lacuna histórica sem ser devidamente analisada. Por isso, temos, na quarta e última parte, uma contribuição de minha autoria, em que procuro completar a obra exatamente onde ela parou. Dando continuidade às fases identificadas por Rothbard, prossigo a analisar o desenrolar do colapso monetário nas décadas seguintes, culminando na grande crise de 2008 e nas medidas extremas e sem precedentes adotadas pelos principais governos e bancos centrais do mundo.

Ao final da obra, o leitor estará munido de um arsenal teórico potente, com pleno conhecimento acerca dos fenômenos monetários e bancários e capaz de discutir com e questionar qualquer economista ou banqueiro central. Ademais, estará imune às explicações estapafúrdias sobre a inflação e suas consequências perversas na economia. E, como complemento, perceberá que a atual crise econômica nada tem a ver com o capitalismo, e sim, na verdade, com o socialismo aplicado ao âmbito monetário. Concluirá, assim, que o livre mercado pode funcionar tão bem para a produção de dinheiro quanto de qualquer outro bem.

Portanto, é com enorme prazer que convido você, leitor, a aproveitar cada página desta magnífica obra de Murray Rothbard, publicada ineditamente em língua portuguesa pelo Instituto Ludwig von Mises Brasil, com a sempre formidável tradução de Leandro Roque, editor do website.

Boa leitura!

Fernando Ulrich

Porto Alegre, julho de 2013.

Capítulo I
Introdução

Poucos temas econômicos são mais confusos e complexos do que a questão do dinheiro. Os debates sobre "política monetária restritiva" *versus* "política monetária expansionista", sobre a real função do Banco Central e da Fazenda, sobre várias versões do padrão-ouro etc. são intermináveis. O governo deve injetar dinheiro na economia agora, deve deixar tudo como está ou deve reduzir a oferta monetária? Qual setor do governo deve fazer isso? Qual setor do governo deve ser o primeiro a receber o dinheiro recém-criado? O governo deve estimular ou restringir o crédito? Devemos voltar ao padrão-ouro? Em caso positivo, a que taxa de câmbio isso deve ocorrer? Essas e inúmeras outras perguntas geram várias ramificações e vão se multiplicando de maneira aparentemente interminável.

Talvez essa verdadeira babilônia de opiniões acerca da questão monetária advenha da propensão humana em ser "realista", isto é, de estudar somente aqueles problemas políticos e econômicos tidos como mais prementes e imediatos. Afinal, sempre que ignoramos o mundo à nossa volta e nos concentramos exclusivamente em nossos problemas cotidianos, a tendência inevitável é que deixemos de fazer distinções fundamentais, correndo o risco de até mesmo deixarmos de fazer as perguntas mais básicas possíveis. Com o tempo, as questões importantes são esquecidas e a adesão aos princípios é substituída por divagações desimportantes. Em várias situações, é necessário adquirirmos alguma perspectiva, colocando nossos afazeres diários um pouco de lado para podermos compreendê-los de modo mais completo.

Isso é particularmente verdadeiro para a economia, em que as relações entre os seres humanos são tão intricadas, que temos de aprender a isolar alguns fatores importantes com o intuito de podermos analisá-los mais detidamente para, só então, delinearmos a maneira como eles funcionam no mundo complexo. Esse é o argumento da análise econômica que utiliza o "modelo Robinson Crusoé", o artifício favorito da teoria econômica clássica. A análise de Crusoé e Sexta-Feira em uma ilha deserta, tida pelos críticos como algo irrelevante para o mundo de hoje, na realidade possuía a extremamente útil função de ressaltar os axiomas mais básicos da ação humana.

De todos os problemas econômicos, a questão do dinheiro é, provavelmente, o mais confuso, e talvez aquele que mais necessite de uma visão mais panorâmica. A questão monetária, adicionalmente, é a área econômica mais bagunçada e adulterada por séculos de interferência governamental. Muitas pessoas – muitos economistas – que normalmente são defensoras do livre mercado estranhamente se recusam a abordar a questão do dinheiro. A questão monetária, insistem eles, é diferente; o dinheiro deve ser ofertado e regulado exclusivamente pelo governo. Estranhamente, eles não veem o controle estatal do dinheiro como sendo uma interferência no livre mercado; um livre mercado de moedas é algo impensável para eles. Os governos devem cunhar moedas, imprimir papel, definir leis de "curso forçado", criar bancos centrais, injetar dinheiro na economia (e retirar quando necessário), "estabilizar o nível de preço" etc.

Historicamente, o dinheiro foi um dos primeiros instrumentos a ser usurpado e controlado pelo governo, e a "revolução intelectual" pró-livre mercado ocorrida nos séculos XVIII e XIX não gerou praticamente nenhum efeito na esfera monetária. Portanto, está mais do que na hora de darmos a necessária e essencial atenção a este sangue vital da economia – o dinheiro.

Façamos inicialmente a seguinte pergunta: *pode* o dinheiro ser organizado de acordo com o princípio da liberdade? Podemos ter um livre mercado na esfera monetária assim como o há um livre mercado para outros bens e serviços? Qual seria o formato de tal mercado? E quais são os efeitos dos vários controles governamentais sobre o dinheiro? Dado que defendemos o livre mercado em outras áreas, e dado que o nosso desejo é eliminar a intromissão estatal na nossa vida pessoal e na nossa propriedade, então não há tarefa mais premente do que a de explorar os caminhos e meios para a adoção de um livre mercado na esfera monetária.

Capítulo II
O Dinheiro em uma Sociedade Livre

1. O valor da troca

Como surgiu o dinheiro? É claro que Robinson Crusoé, sozinho em sua ilha, não necessitava de nenhum dinheiro. Ele não poderia comer moedas de ouro. Tampouco Crusoé e Sexta-feira, ao trocarem entre si peixe por madeira, tinham de se preocupar com dinheiro. Porém, quando a sociedade se expande e passa a ser formada por várias famílias, o cenário se torna propício para o surgimento do dinheiro.

Para explicar a função do dinheiro, temos de retroceder no tempo e perguntar: por que, afinal, os homens fazem transações econômicas? Por que eles *trocam* bens entre si? A troca é a base essencial de nossa vida econômica. Sem trocas, não haveria uma economia real e, praticamente, não haveria sociedade. Quando uma troca é voluntária, ela claramente ocorre porque ambas as partes esperam se beneficiar dessa transação. Uma troca é um acordo entre A e B no qual A transfere seus bens ou seus serviços para B, e B por sua vez transfere seus bens ou seus serviços para A. Obviamente, ambos, por definição, esperam se beneficiar dessa troca, pois cada um valoriza mais aquilo que está recebendo do que aquilo do qual abriu mão. Não fosse assim, não haveria uma troca voluntária.

Quando, por exemplo, Robinson Crusoé troca um peixe por um pedaço de madeira, ele dá mais valor à madeira que está "comprando" do que ao peixe que está "vendendo", ao passo que para Sexta-Feira, ao contrário, dá mais valor ao peixe do que à madeira. De Aristóteles a Marx, o homem erroneamente tem acreditado que uma troca denota algum tipo de igualdade de valor – que se um barril de peixes é trocado por dez toras de madeira, então há uma espécie de *igualdade* secreta entre tais coisas. A verdade, no entanto, é que a troca só ocorreu porque cada uma das partes valorou os dois produtos de maneira *distinta*.

Por que a propensão a transacionar é algo tão universal na humanidade? Fundamentalmente, por causa da grande *variedade* existente na natureza: a variedade que há nos homens e a variedade e a diversidade da localização dos recursos naturais. Cada homem possui um conjunto diferente de habilidades e aptidões específicas, e cada pedaço de terra possui suas características próprias, suas riquezas únicas. É desta variedade – um fato externo e natural – que surge a troca: o trigo produzido em uma localidade geográfica é trocado pelo ferro produzido em outra localidade geográfica; um indivíduo fornece seus serviços médicos em troca do prazer de ouvir uma música tocada em um violino por outro indivíduo.

A especialização permite que cada indivíduo aprimore suas melhores habilidades, e permite que cada região geográfica desenvolva seus próprios recursos particulares. Se ninguém pudesse transacionar, se cada indivíduo fosse forçado a ser totalmente autossuficiente, a maioria de nós obviamente morreria de fome, e o restante mal conseguiria se manter vivo. A troca é a força vital não só da economia, mas da própria civilização.

2. Escambo

No entanto, esse processo de *troca direta* de bens e serviços úteis dificilmente seria capaz de manter uma economia acima de seu nível mais primitivo. Tal troca direta – ou *escambo* – dificilmente é melhor do que a pura e simples autossuficiência. Por quê? Em primeiro lugar, está claro que tal arranjo permite somente uma quantidade muito pequena de produção. Se João contrata alguns trabalhadores para construir uma casa, com o que ele lhes pagará? Com partes da casa? Com os materiais de construção que não forem utilizados?

Os dois problemas básicos deste arranjo são a "indivisibilidade" e a ausência daquilo que chamamos de "coincidência de desejos". Assim, se o senhor Silva tem um arado que ele gostaria de trocar por várias coisas diferentes – por exemplo, ovos, pães e uma muda de roupas –, como ela faria isso? Como ele dividiria seu arado e daria uma parte para um agricultor e a outra parte para um alfaiate? Mesmo para os casos em que os bens são divisíveis, é geralmente impossível que dois indivíduos dispostos a transacionar se encontrem no momento exato. Se A possui um suprimento de ovos para vender e B possui um par de sapatos, como ambos podem transacionar se A quer um terno? Imaginem, então, a penosa situação de um professor de economia: ele terá de encontrar um produtor de ovos que queira comprar algumas aulas de economia em troca de seus ovos!

Obviamente, é impossível haver qualquer tipo de economia civilizada sob um arranjo formado exclusivamente por trocas diretas.

3. Trocas indiretas

Felizmente, o homem descobriu, em seu infindável processo de tentativa e erro, um arranjo que permitiu que a economia crescesse de forma contínua: a troca *indireta*. Em uma troca indireta, você vende seu produto não em troca daquele bem que você realmente deseja, mas sim em troca de um outro bem que você, futuramente, poderá trocar pelo bem que você realmente deseja. À primeira vista parece uma operação canhestra e circular. Mas a realidade é que foi exatamente este maravilhoso arranjo o que permitiu – e que segue permitindo – o desenvolvimento da civilização.

Considere o caso de A, o agricultor, que quer comprar os sapatos feitos por B. Dado que B não quer ovos, A terá de descobrir o que B *realmente* quer – digamos que seja manteiga. O indivíduo A, então, troca seus ovos pela manteiga de C, e então vende a manteiga para B em troca dos sapatos. O indivíduo A irá comprar a manteiga não porque a deseja diretamente, mas sim porque isso o permitirá adquirir os sapatos. Similarmente, o senhor Silva, o dono do arado, venderá seu arado por uma mercadoria que ele possa com mais facilidade dividir e vender – por exemplo, manteiga. Ato contínuo, ele trocará partes de manteiga por ovos, pães, roupas etc.

Em ambos os casos, a superioridade da manteiga – razão pela qual existe uma demanda extra por ela, que vai além do seu mero consumo – está em sua maior *comerciabilidade*, ou seja, em sua maior facilidade de ser trocada, de ser vendida, de ser comercializada.

Se um bem é mais comerciável do que outro – se todos os indivíduos estão confiantes de que tal bem será vendido com mais facilidade –, então ele terá uma grande demanda, pois ele será usado como um *meio de troca*. Ele será o meio pelo qual um especialista poderá trocar seu produto pelos bens de outros especialistas.

Assim como há uma grande variedade de habilidades e recursos na natureza, também há uma grande variedade na comerciabilidade dos bens existentes. Alguns bens são mais demandados que outros, alguns são plenamente divisíveis em unidades menores sem que haja perda de valor, alguns são mais duráveis, e outros são mais transportáveis por longas distâncias. Todas essas vantagens aumentam a comerciabilidade de um bem. Sendo assim, em cada sociedade, os bens mais comerciáveis serão, com o tempo, escolhidos para representar a função de meio de troca. À medida que sua utilização como meio de troca vai se tornando mais ampla, a demanda por eles aumenta, e, consequentemente, eles se tornam cada vez mais *comerciáveis*. O resultado é uma espiral que se auto-reforça: mais comerciabilidade amplia o uso do bem como meio de troca, o que por sua vez aumenta ainda mais sua comerciabilidade, reiniciando o ciclo. No final, apenas uma ou duas mercadorias serão utilizadas como *meios gerais de troca* – em praticamente todas as trocas. Tais mercadorias são chamadas de *dinheiro*.

Ao longo da história, diferentes bens foram utilizados como meios de troca: tabaco, na Virgínia colonial; açúcar, nas Índias Ocidentais; sal, na Etiópia (na época, Abissínia); gado, na Grécia antiga; pregos, na Escócia; cobre, no Antigo Egito; além de grãos, rosários, chá, conchas e anzóis. Ao longo dos séculos, duas mercadorias, o *ouro* e a *prata*, foram espontaneamente escolhidas como dinheiro na livre concorrência do mercado, desalojando todas as outras mercadorias desta função. Tanto o ouro quanto a prata são altamente comerciáveis, são muito demandados como ornamento, e se sobressaem em todas as outras qualidades necessárias. Em épocas recentes, a prata, por ser relativamente mais abundante que o ouro, se mostrou mais útil para trocas de menor valor, ao passo que o ouro foi mais utilizado para transações de maior valor. De qualquer maneira, o importante é que, independentemente do motivo, o livre mercado escolheu o ouro e a prata como a mais eficiente forma de dinheiro.

Este processo – a evolução cumulativa de um meio de troca no livre mercado – é a única maneira pela qual o dinheiro pode surgir e ser estabelecido. O dinheiro não pode se originar de nenhuma outra maneira: mesmo que as pessoas repentinamente decidam criar dinheiro utilizando materiais inúteis, ou o governo decrete que determinados pedaços de papel agora são "dinheiro", nada disso pode funcionar se o bem estipulado não possuir um *histórico como meio de troca*.

Toda e qualquer demanda por dinheiro ocorre porque as pessoas podem utilizar aquele bem para calcular preços. Incorporado na demanda pelo dinheiro está o conhecimento dos preços do passado imediato. Ao contrário dos bens diretamente utilizados pelos consumidores e pelos empreendedores, a mercadoria a ser utilizada como dinheiro tem de apresentar um histórico de expressão de valores na forma de preços. Antes de tal produto ser definido como dinheiro, ele tem de possuir um passado no qual ele foi utilizado como definidor de preços. É sobre este histórico que a demanda será baseada.

Porém, a única maneira pela qual isso pode acontecer é começando por uma mercadoria que foi utilizada quando a economia ainda operava sob escambo. Ato contínuo, a essa demanda anterior pelo seu uso direto (por exemplo, no caso do ouro, para ornamentos), é acrescentada a demanda para ele passar a ser utilizado como um meio de troca.[1]

Portanto, o governo é completamente impotente para criar um dinheiro do nada, utilizando um material sem passado algum como meio de troca; o dinheiro só pode surgir e evoluir pelo processo de livre mercado.

O que nos leva, então, à verdade mais importante de toda essa nossa argumentação a respeito do dinheiro: o dinheiro é uma *mercadoria*. Aprender essa simples lição é uma das tarefas mais importantes do mundo. Com enorme frequência, as pessoas falam de dinheiro como se fosse algo muito acima ou muito abaixo dessa realidade. O dinheiro não é uma abstrata unidade de conta, perfeitamente separável de um bem concreto; não é um objeto inútil que só presta para trocas; não é um "título de reivindicação" sobre os bens produzidos pela sociedade; não é uma garantia de um nível fixo de preços. O dinheiro é simplesmente uma mercadoria.

O dinheiro difere das demais mercadorias por ser demandado majoritariamente como um meio de troca. Mas, excetuando-se isso, o dinheiro é uma mercadoria – e, como todas as mercadorias, ele possui um estoque real e é demandado por pessoas que querem comprá-lo, que querem portá-lo etc. Como todas as mercadorias, seu "preço" – em termos de outros bens – é determinado pela interação entre sua oferta total, ou estoque, e sua demanda total por pessoas que querem comprá-lo e guardá-lo. (As pessoas "compram" dinheiro ao venderem seus bens e serviços, e "vendem" dinheiro ao comprarem bens e serviços).

4. Os benefícios do dinheiro

O surgimento do dinheiro foi uma grande dádiva para a humanidade. Sem o dinheiro – sem um meio geral de troca – seria impossível haver uma genuína especialização, uma genuína divisão do trabalho. Consequentemente, seria impossível a economia avançar para além de seu nível mais simples e primitivo. Com o dinheiro, todos os problemas de indivisibilidade e da "coincidência de desejos", que atormentavam a sociedade baseada no escambo, são eliminados. Agora, João pode contratar trabalhadores e pagá-los em... dinheiro. O senhor Silva pode vender seu arado por unidades de... dinheiro.

---

1 Sobre a origem do dinheiro, cf. Carl Menger, *Principles of Economics*, Glencoe: Free Press, 1950, p. 257-71; Ludwig von Mises, *The Theory of Money and Credit*, New Haven: Yale University Press, 1951, p. 97-123.

O dinheiro-mercadoria é divisível em pequenas unidades, e é aceito generalizadamente por todos. Sendo assim, todos os bens e serviços são vendidos por dinheiro, e esse dinheiro é então utilizado para comprar outros bens e serviços que as pessoas desejam. Por causa do dinheiro, é possível se criar uma complexa "estrutura de produção" formada por fatores de produção como bens de capital, mão-de-obra e terra. Todos estes fatores são combinados de modo a aprimorar o processo produtivo em cada estágio da cadeia de produção. E todos estes fatores são pagos em dinheiro.

A criação do dinheiro traz outro grande benefício. Uma vez que todas as trocas são feitas em dinheiro, todas as 'taxas de câmbio' ou 'razões de troca' são expressos em valores monetários, de modo que as pessoas agora podem comparar o valor de mercado de cada bem em relação aos demais. Se um aparelho de televisão é trocável por três onças de ouro, e um automóvel é trocável por 60 onças de ouro, então nota-se que um automóvel "vale", no mercado, vinte aparelhos de televisão. Tais 'taxas de câmbio' ou 'razões de troca' são os *preços*, e o dinheiro-mercadoria serve como um denominador comum para todos os preços.

É o estabelecimento de preços monetários no mercado o que permite o desenvolvimento de uma economia civilizada, pois somente os preços permitem ao empreendedor fazer o *cálculo* econômico. Podendo fazer o cálculo econômico, os empreendedores podem avaliar o quão corretamente estão satisfazendo as demandas dos consumidores; eles podem avaliar como os preços de venda de seus produtos se comportam em relação aos preços que têm de pagar pelos fatores de produção (seus "custos"). Dado que todos esses preços são expressos em termos monetários, os empreendedores podem determinar se estão auferindo lucros ou sofrendo prejuízos. São esses cálculos que guiam os empreendedores, os trabalhadores e os proprietários de terra e de bens de capital em sua busca pela renda monetária no mercado. Somente esses cálculos permitem que recursos escassos sejam alocados para seu uso mais produtivo – para aqueles investimentos que irão satisfazer da melhor forma possível a demanda dos consumidores.

Praticamente todos os manuais de economia dizem que o dinheiro possui várias funções: ser um meio de troca, ser uma unidade de conta (ou um "mensurador de valores"), ser uma "reserva de valor" etc. No entanto, já deve estar claro que todas essas funções são simplesmente corolários da única grande função do dinheiro: ser um meio de troca. Por sempre ter sido um meio geral de troca, o ouro é a mercadoria mais comerciável. Ele pode ser estocado para servir como meio de troca tanto no futuro quanto no presente, e historicamente todos os preços sempre foram expressos em termos de ouro.[2] Por sempre ter sido uma mercadoria utilizada como meio para todas as trocas, o ouro sempre serviu como unidade de conta tanto para os preços do presente quanto para os preços esperados no futuro.

É importante entender que o dinheiro só pode ser visto como uma unidade de conta ou como um título de reivindicação sobre bens a partir do momento em que ele passa a servir como um meio de troca. É de sua função como meio de troca que derivam todas as suas outras características, como ser unidade de conta e reserva de valor.

5. A UNIDADE MONETÁRIA

Agora que vimos como o dinheiro surgiu e o que ele pode fazer, passemos à seguinte pergunta: como este dinheiro-mercadoria (no caso, ouro e prata) é utilizado? Mais especificamente, qual é o estoque – ou a oferta – de dinheiro na sociedade e como ele é transacionado?

Em primeiro lugar, bens físicos tangíveis são comercializados em termos de sua massa ou de seu peso. A massa é a unidade característica de uma mercadoria tangível. Sendo assim, o comércio ocorre em termos de unidades como toneladas, libras, onças, grãos, gramas etc.[3] O ouro não é exceção. Como outras mercadorias, o ouro pode ser transacionado em unidades de massa.[4]

É óbvio que o tamanho da unidade comum escolhida para o comércio não faz diferença para o economista. Um país que esteja no sistema métrico pode preferir calcular em gramas; já a Inglaterra ou os Estados Unidos podem preferir trabalhar com grãos ou onças. Todas as unidades de massa são conversíveis entre si: uma libra equivale a dezesseis onças; uma onça equivale a 437,5 grãos ou 28,35 gramas etc.

Supondo que o ouro seja escolhido como dinheiro, o tamanho da unidade de ouro utilizada no cálculo não importa. João pode vender um casaco por uma onça de ouro nos Estados Unidos ou por 28,35 gramas na França. Ambos os preços são idênticos.

---

2 O dinheiro não "mensura" preços ou valores. O dinheiro é um denominador comum para a expressão de preços e valores. Em suma, os preços são expressos em dinheiro, mas são por ele mensurados.
3 Mesmo aqueles bens que são nominalmente comercializados em termos de *volume* (fardo, alqueire, etc.) assumem de maneira tácita um padrão de peso por unidade volumétrica.
4 Uma das virtudes cardeais do ouro como dinheiro é a sua *homogeneidade* – ao contrário de muitas outras mercadorias, o ouro não possui diferenças em sua qualidade. Uma onça de ouro puro é igual a qualquer outra onça de ouro puro ao redor do mundo.

Embora tudo isso pareça óbvio demais para ser enfatizado, a realidade é que uma enorme quantidade de miséria ao redor do mundo teria sido evitada caso as pessoas houvessem entendido completamente essas simples verdades. Por exemplo, quase todas as pessoas pensam no dinheiro como se ele fosse uma unidade abstrata de algo que pode ser trocado por outra coisa, com cada moeda estando ligada exclusivamente a um determinado país. Mesmo quando os países estavam no "padrão-ouro", as pessoas continuavam pensando desta forma. A moeda norte-americana era o "dólar", a francesa era o "franco", a alemã, o "marco" etc. Todas estas moedas estavam explicitamente vinculadas ao ouro, mas todas elas eram consideradas soberanas e independentes por seus cidadãos. Exatamente por isso foi fácil para os países "saírem do padrão-ouro". Mas isso não altera uma verdade: *todos estes nomes de moedas eram meras denominações para unidades de massa de ouro ou prata.*

A "libra csterlina" inglesa era a denominação originalmente dada a uma libra de prata. E o dólar? O dólar surgiu como sendo o nome dado a uma onça de prata cunhada por um conde da Boêmia chamado Schlick, no século XVI. O conde de Schlick vivia no Vale do Joachim, ou *Joachimsthal* em alemão. As moedas do conde ganharam grande reputação por sua uniformidade e pureza, e passaram a ser chamadas por todos de *Joachimsthalers*. Com o tempo, elas passaram a ser chamadas simplesmente de "thalers" [que significa proveniente "do vale"]. O nome "dólar" surgiu de "thaler".

No livre mercado, portanto, os vários nomes que as unidades podem ter são simplesmente *definições de unidades de massa*. Até antes de 1933, quando estávamos "no padrão-ouro", as pessoas costumavam dizer que o "preço do ouro" estava "fixado em 20 dólares por onça de ouro". Mas isso era uma forma perigosamente errada de ver a moeda. Na realidade, "o dólar" havia sido *definido* como sendo *o nome dado a* 1/20 (aproximadamente) de uma onça de ouro. Era, portanto, errado falar em "taxas de câmbio" entre a moeda corrente de um país em relação às outras moedas de outros países. A "libra esterlina", na prática, não "cambiava" por cinco "dólares".[5] O dólar havia sido definido como 1/20 de uma onça de ouro, e a libra esterlina, na época, era simplesmente o nome dado a 1/4 de uma onça de ouro. Logo, por simples matemática, uma libra esterlina também valia 5/20 de uma onça de ouro. Daí o senso comum de que uma libra esterlina valia 5 dólares.

---

5 Na verdade, a libra esterlina era por definição igual a US$4.87, mas estamos utilizando US$5 por uma questão de conveniência nos cálculos.

Claramente, todos estes valores e todo este emaranhado de nomenclaturas eram complicados e enganosos. Como eles surgiram é algo que será mostrado mais adiante no capítulo sobre a interferência do governo na questão monetária. A questão é que, em um mercado genuinamente livre, o ouro simplesmente seria transacionado diretamente em gramas, grãos ou onças, e tais denominações confusas, como dólares, francos, marcos etc., seriam supérfluas. Por conseguinte, nesta seção, trataremos o dinheiro como sendo diretamente transacionável em termos de onças ou gramas.

É certo que o livre mercado irá escolher como sendo a unidade comum aquela grandeza do dinheiro-mercadoria que for a mais conveniente. Se o dinheiro fosse a platina, ela provavelmente seria transacionada em termos de frações de uma onça; se o ferro fosse utilizado como dinheiro, ele seria calculado em libras ou toneladas. Obviamente, o tamanho da unidade não faz diferença para o economista.

6. O FORMATO DA MOEDA

Se o tamanho da unidade monetária ou o seu nome fazem pouca diferença econômica, o formato do metal monetário também é igualmente irrelevante. Dado que o metal é o dinheiro utilizado, conclui-se que a *todo* o estoque do metal, contanto que esteja disponível ao homem, constitui o estoque mundial de dinheiro. Não faz muita diferença qual seja o formato em que o metal se encontra em determinado período. Caso o ferro seja o dinheiro, então *todo* o ferro existente é dinheiro, esteja ele em formato de barras, de minério ou incorporado em um maquinário especializado.[6] O ouro já foi comercializado como dinheiro na forma de pepitas, de pó em sacas, e até mesmo como jóias. Não é de se surpreender que o ouro, ou outros metais, possa ser comercializado em vários formatos, uma vez que a característica que importa é sua massa.

É verdade, no entanto, que alguns formatos são mais convenientes do que outros. Nos últimos séculos, ouro e prata foram fracionados em *moedas metálicas* para as transações de menor valor, aquelas do dia-a-dia, e em barras para as transações de maior valor. Alguma quantidade foi transformada em jóias e outros ornamentos. Mas isso é importante: qualquer tipo de transformação de um formato para outro custa tempo,

---

[6] Enxadas de ferro foram extensamente utilizadas como dinheiro tanto na Ásia quanto na África.

esforço e consome vários recursos. Realizar tal trabalho será um empreendimento como qualquer outro, e os preços por esse serviço serão estabelecidos da maneira habitual. A maioria das pessoas concorda que é legítimo que joalheiros façam ornamentos a partir do ouro bruto, mas elas estranhamente rejeitam que o mesmo princípio seja aplicado à manufatura de moedas. Não obstante, no livre mercado, a cunhagem é, em essência, um empreendimento como outro qualquer.

Muitas pessoas acreditavam, na época do padrão-ouro, que as moedas eram, por algum motivo, um dinheiro mais "real" do que o ouro maciço não cunhado e em estado natural (em barras, lingotes ou qualquer outro formato). É verdade que as moedas usufruíam um ágio sobre o ouro em barra, mas isso não se devia a nenhuma misteriosa virtude embutida nas moedas. Isso advinha do simples fato de que era mais caro cunhar moedas a partir da barra do que fundir moedas de volta ao formato de barra. Por causa dessa diferença, as moedas eram mais valiosas no mercado.

7. A CUNHAGEM PRIVADA

A ideia de cunhagem feita por empresas privadas parece tão estranha nos dias de hoje, que vale a pena uma análise mais minuciosa. Estamos acostumados a pensar na cunhagem de moedas como sendo uma "necessidade de soberania". No entanto, o mundo não mais está vinculado a uma "prerrogativa real", e o conceito de soberania jaz não no governo, mas no povo. Ou é o que dizem.

Como funcionaria a cunhagem privada? Da mesma maneira que qualquer outro empreendimento, como dissemos acima. Cada cunhador ou empresa cunhadora, ao receber clientes com lingotes de ouro, iria fundir estes lingotes e produzir moedas nos tamanhos ou formatos que mais agradassem a seus consumidores. O preço deste serviço seria estabelecido pela livre concorrência no mercado.

A objeção típica a este arranjo é que seria muito trabalhoso mensurar o peso ou avaliar a pureza do ouro em cada transação realizada. Mas absolutamente nada impede os cunhadores privados de estamparem tais informações nas moedas, e garantirem seu peso e sua pureza. Cunhadores privados podem garantir a qualidade de uma moeda com, no mínimo, a mesma eficácia que a Casa da Moeda estatal. Aqueles cunhadores reconhecidos como os mais honestos ganhariam proeminência no mercado. As pessoas utilizariam as moedas daqueles cunhadores que usufruíssem a melhor reputação pela boa qualidade de seu produto. Meros pedaços de metal polido não seriam aceitos como moeda. Como vimos, foi exatamente assim que o "dólar" se tornou notório e conhecido – como uma moeda de prata competitiva e de qualidade.

Os opositores da cunhagem privada dizem que as ocorrências de fraude seriam generalizadas. No entanto, estes mesmos opositores estão dispostos a conceder ao governo o monopólio da cunhagem. Mas, dado que eles estão dispostos a confiar no governo, então, certamente, com a cunhagem privada, elas deveriam ao menos confiar no governo para evitar ou punir as fraudes. Normalmente se pressupõe que a prevenção ou a punição da fraude, do roubo e de outros crimes é a verdadeira justificativa para a existência de um governo. Mas se o governo não é capaz nem de deter um criminoso quando a sua função é a de meramente fiscalizar a cunhagem privada, então qual a esperança de haver uma cunhagem confiável quando a integridade dos agentes do mercado privado é descartada em prol de um monopólio governamental de cunhagem?

Se o governo não é confiável nem para desmascarar aquele malfeitor que ocasionalmente surgiria no livre mercado de moedas, por que então deveríamos confiar no governo quando este é colocado em uma posição de total controle sobre o dinheiro, podendo depreciá-lo, adulterá-lo, falsificá-lo ou deturpá-lo com plena sanção legal para agir como o único vilão no mercado? Da mesma forma que é uma insanidade dizer que o governo deve socializar toda a propriedade a fim de evitar que alguém roube propriedades, é também ilógico dizer que o governo deve abolir a cunhagem privada e monopolizar esta tarefa com o intuito de evitar fraudes. O raciocínio por trás da abolição e da proibição da cunhagem privada é o mesmo daquele da socialização da propriedade privada.

Ademais, todos os empreendimentos modernos baseiam-se na garantia de padrões. A farmácia vende um frasco de 250 mililitros de remédio; o açougueiro vende um quilo de carne. O consumidor espera que tais medidas sejam acuradas, e elas são. E pense nos vários milhares de produtos especializados e vitais fabricados pelas indústrias, os quais devem seguir padrões e especificações extremamente rigorosos. O comprador de um parafuso de 12,7 milímetros (1/2 polegada) deve obter um parafuso de exatamente 12,7 centímetros, e não um de 9,5 milímetros.

E, ainda assim, não obstante todo este rigor de medidas, tais empreendimentos não faliram. Eles não desapareceram. São poucas as pessoas racionais que defendem que o governo tem de estatizar a indústria de maquinários como parte da sua tarefa de evitar fraude nas medidas indicadas. A economia de mercado moderna é formada por um número infinito de transações intricadas, a maioria delas dependente de padrões de quantidade e qualidade muito precisos. E as fraudes ocorrem em níveis mínimos, e esse mínimo, ao menos em teoria, está sujeito a ação judicial. O mesmo ocorreria caso houvesse a cunhagem privada. Podemos ter a certeza de que os clientes de um cunhador, bem como os concorrentes desse cunhador, estariam intensamente alertas para qualquer possibilidade de fraude no peso ou no grau de pureza de suas moedas.[7]

Os defensores do monopólio estatal da cunhagem alegam que o dinheiro é diferente de todas as outras mercadorias porque a "Lei de Gresham" comprova que "o dinheiro ruim expulsa o dinheiro bom" de circulação. Sendo assim, o livre mercado não é confiável para ofertar ao público um dinheiro de qualidade. Mas essa formulação tem por base a interpretação equivocada da famosa lei de Gresham. A lei de Gresham é válida apenas quando há um *controle de preços* imposto pelo governo sobre o dinheiro. O que a lei de Gresham realmente diz é que "o dinheiro que está artificialmente sobrevalorizado pelo governo tirará de circulação o dinheiro que está artificialmente subvalorizado".

Suponha, por exemplo, que haja várias moedas de uma onça de ouro em circulação. Após alguns anos de intenso uso, começam a surgir desgastes em algumas dessas moedas, de modo que elas passam a pesar somente 0,9 onça. É óbvio que, no livre mercado, essas moedas desgastadas circulariam valendo 90% do valor das moedas íntegras, de modo que o valor de face das moedas desgastadas teria de ser repudiado.[8] No mínimo, são justamente essas moedas "ruins" que deixariam de ser utilizadas e sairiam de circulação.

Mas suponha que o governo decrete que todos os cidadãos devem tratar as moedas desgastadas da mesma maneira como tratam as íntegras, e que todos devem aceitá-las igualmente, ao seu valor de face, em suas transações diárias. O que o governo fez neste caso? Impôs um *controle de preços* coercivo sobre a "taxa de câmbio" entre os dois tipos de moeda. Ao insistir na paridade em vez de permitir que as moedas desgastadas fossem transacionadas a um valor nominal 10% menor, o governo *sobrevalorizou* artificialmente as moedas desgastadas e *subvalorizou* as moedas novas. Consequentemente, todos os cidadãos tenderão a utilizar apenas as moedas desgastadas, e entesourarão (ou exportarão) as novas. Portanto, *não* é no livre mercado que "o dinheiro ruim expulsa o dinheiro bom", mas sim como resultado direto da intervenção governamental no mercado.

---

[7] Ver Herbert Spencer, *Social Statics*, Nova York: D. Appleton, 1890, p. 438.
[8] Para lidar com o problema do desgaste, os cunhadores privados poderiam ou estabelecer um tempo limite de garantia do peso estampado em sua face ou concordar em cunhar novamente, seja no peso original ou em um mais baixo. Podemos notar que, em uma economia livre, não haverá aquela padronização compulsória das moedas que predomina quando um monopólio estatal controla o processo de cunhagem.

Não obstante o infindável assédio dos governos sobre esta atividade, algo que tornou as condições altamente precárias, as moedas privadas ainda assim conseguiram prosperar em vários momentos da história. Em conformidade com a lei que diz que todas as inovações surgem de indivíduos livres e não do estado, as primeiras moedas foram cunhadas por cidadãos privados e ourives. Com efeito, quando o governo começou a monopolizar a cunhagem, as moedas da realeza traziam as garantias de banqueiros privados, os quais, aparentemente, usufruíam muito mais confiança aos olhos do público do que o governo. Moedas de ouro cunhadas privadamente circularam na Califórnia até 1848.[9]

8. A OFERTA MONETÁRIA "ADEQUADA"

Agora podemos perguntar: qual é a oferta monetária em uma sociedade e como tal oferta é utilizada? Em específico, podemos suscitar aquela eterna pergunta: de quanto dinheiro "precisamos"? Qual a quantidade de dinheiro realmente necessária? Deve a oferta de moeda ser regulada por algum tipo de "critério", ou ela pode ser deixada totalmente para o livre mercado?

Em primeiro lugar, *o estoque total – ou oferta – de moeda em uma sociedade, em qualquer momento, seria a massa total da moeda-mercadoria existente.* Suponhamos, para o momento, que apenas *uma* mercadoria tenha sido escolhida pelo livre mercado para ser o dinheiro. Suponhamos ainda que essa mercadoria seja o *ouro* (embora pudéssemos ter adotado a prata ou mesmo o ferro; caberá ao *mercado*, e não a nós, decidir qual é a melhor mercadoria a ser utilizada como dinheiro). Visto que o ouro é o dinheiro, a oferta total de dinheiro será a quantidade total de ouro que existe na sociedade. O *formato* desse ouro não interessa – a menos que o custo de se alterar o ouro para determinados formatos seja maior do que alterá-lo para outros formatos (por exemplo, cunhar moedas custar mais que fundi-las). Nesse caso, um dos formatos será escolhido pelo mercado para ser a unidade de conta, e os demais formatos terão um ágio ou um desconto de acordo com seus os custos relativos no mercado.

---

9 Para exemplos históricos de cunhagem privada, ver B.W. Barnard. "The Use of Private Tokens for Money in the United States", Quarterly Journal of Economics (1916-17), p. 617-26; Charles A, Conant, *The Principles of Money and Banking*, Nova York: Harper Bros, 1905, vol. I, p. 127-32; Lysander Spooner, *A Letter to Grover Cleveland*, Boston: B. R. Tucker, 1886, p.79; e J. Laurence Laughlin, *A New Exposition of Money, Credit and Prices*, Chicago: University of Chicago Press, 1931, vol. I, p. 47-51. Sobre cunhagem, ver também Ludwig von Mises, *Theory of Money and Credit*, p. 65-67; e Edwin Cannan, Money, 8th Edition, Londres: Staples Press, 1935, p. 33ss.

As alterações no estoque total de ouro serão regidas pelas mesmas causas que regem as alterações na oferta dos outros bens. Aumentos na oferta serão consequência de uma maior produção das minas; reduções na oferta serão decorrência de desgaste natural, por uso no setor industrial etc. Dado que o mercado escolherá uma mercadoria durável como dinheiro, e dado que o dinheiro é exaurido na mesma taxa que outras mercadorias – mas empregado como meio de troca –, a produção anual de ouro em relação ao estoque total existente tenderá a ser bem pequena. Logo, alterações no estoque total de ouro geralmente ocorrerão em um ritmo muito lento.

Qual "deve" ser a oferta monetária? Vários tipos de critério já foram apresentados: que a quantidade de dinheiro deve aumentar de acordo com o aumento populacional, de acordo com o "volume de transações", de acordo com a "quantidade de bens produzidos", de modo a manter o "nível de preço" constante etc. Poucos, no entanto, sugeriram deixar a decisão para o mercado. Mas o dinheiro difere das demais mercadorias em um ponto essencial, e perceber tal diferença é o segredo para se compreender as questões monetárias. Quando a oferta de um bem qualquer aumenta, esse aumento gera um benefício social; é algo para regozijo geral. Uma maior quantidade de bens de consumo significa um maior padrão de vida para o povo; uma maior quantidade de bens de capital significa um padrão de vida maior no futuro. A descoberta de novas terras férteis ou de novos recursos naturais também promete aumentar os padrões de vida presente e futuro. Mas, o que pode ser dito a respeito do dinheiro? Será que um aumento da oferta monetária também beneficia o público em geral?

Os bens de consumo são, por definição, consumidos e exauridos pelos consumidores; bens de capital e recursos naturais são exauridos no processo de produção dos bens de consumo. Mas o dinheiro não é consumido e nem exaurido; sua função é apenas atuar como meio de troca – permitir que bens e serviços sejam transferidos rapidamente de uma pessoa para outra. Tais trocas são realizadas em termos de preços monetários. Assim, se um aparelho de televisão é trocado por três onças de ouro, dizemos que o "preço" da televisão é de três onças. Em qualquer momento, todos os bens na economia serão cambiáveis por determinada quantidade de ouro. Como dito, o dinheiro, ou o ouro, é o denominador comum de todos os preços. Mas e quanto ao dinheiro em si? Será que ele tem um "preço"? Dado que o preço é simplesmente uma relação de troca, então o dinheiro certamente tem um preço. Contudo, nesse caso, o "preço do dinheiro" é um *conjunto* do infinito número de relações de troca que existe em todos os diversos bens do mercado.

Assim, suponhamos que um aparelho de televisão custe três onças de ouro, que um automóvel custe 60 onças de ouro, que uma bisnaga de pão custe 1/100 de onça de ouro e que uma hora dos serviços jurídicos do doutor Joaquim custe uma onça de ouro. O "preço do dinheiro", então, será um conjunto de trocas alternativas. Uma onça de ouro "valerá" 1/3 da televisão, 1/60 de um automóvel, 100 bisnagas de pão ou uma hora dos serviços do doutor Joaquim. E assim por diante. O preço do dinheiro, portanto, é o "poder de compra" da unidade monetária – nesse caso, da onça de ouro. O preço do dinheiro, ou o seu poder de compra, informa o que aquela unidade pode adquirir ao ser trocada, assim como o preço monetário de um aparelho de televisão informa quanto de dinheiro um aparelho de televisão pode conseguir ao ser trocado.

O que determina o preço do dinheiro? As mesmas forças que determinam todos os preços no mercado – a venerável, mas eternamente verdadeira, lei da "oferta e demanda". Todos nós sabemos que se a oferta de ovos aumenta, o preço de cada ovo tende a cair; se a demanda dos consumidores por ovos aumentar, o preço tenderá a subir. O mesmo fenômeno ocorre para o dinheiro. Um aumento na oferta de dinheiro tenderá a reduzir seu "preço"; um aumento na demanda por dinheiro irá aumentar seu preço.

Mas o que é a demanda por dinheiro? No caso dos ovos, sabemos o que significa "demanda". A demanda por ovos é a quantidade de dinheiro que os consumidores estão dispostos a gastar em ovos, mais os ovos que estão guardados pelos fornecedores e que não estão à venda. Essa é a demanda total por ovos. Similarmente, no caso do dinheiro, "demanda" por dinheiro significa os vários bens que são oferecidos em troca do dinheiro, mais a quantidade de dinheiro entesourada e não gasta pelos indivíduos durante um determinado período de tempo. Em ambos os casos, a "oferta" pode se referir ao estoque total de um determinado bem no mercado.

O que ocorre, então, se a oferta de ouro aumentar e a demanda por dinheiro continuar a mesma? O "preço da moeda" cai, ou seja, o poder de compra da unidade monetária cairá em todos os setores da economia. Uma onça de ouro valerá agora menos que 100 bisnagas de pão, menos que 1/3 de um aparelho de televisão etc. De modo inverso, se a oferta de ouro diminuir, o poder de compra da onça de ouro aumentará.

Qual é o efeito de uma alteração na oferta monetária? Seguindo o exemplo de David Hume, um dos primeiros economistas a abordar o assunto, podemos nos perguntar o que ocorreria se, da noite para o dia, uma Fada Madrinha entrasse às escondidas em nossos bolsos, carteiras e nos cofres dos bancos e duplicasse a nossa oferta monetária. Neste exemplo, ela magicamente dobrou nossa quantidade de ouro. Será que nós agora estamos duas vezes mais ricos? É obvio que não. O que nos torna ricos é uma abundância de bens, e o que limita tal abundância é a escassez de recursos para produzi-los: a saber, terra, trabalho e capital. Multiplicar a quantidade de dinheiro não faz com que tais recursos deixem de ser escassos e se materializem milagrosamente. É verdade que podemos nos *sentir* duas vezes mais ricos por um momento, mas claramente o que ocorreu foi apenas uma *diluição* da oferta monetária. À medida que as pessoas saírem correndo para gastar essa riqueza recém-encontrada, os preços irão aproximadamente dobrar – ou ao menos aumentar até a demanda ser satisfeita e o dinheiro não mais estiver competindo consigo próprio pelos bens existentes.

Assim, vemos que, embora um aumento na oferta monetária, assim como um aumento na oferta de qualquer outro bem, reduza o preço do dinheiro, tal alteração *não produz – ao contrário do que ocorre com os outros bens – nenhum benefício social*. O público em geral não se torna mais rico. Ao passo que novos bens de consumo ou de capital aumentam os padrões de vida da população, um aumento da quantidade de dinheiro na economia gera apenas aumento de preços – isto é, dilui seu próprio poder de compra. A explicação para este aparente enigma é que o dinheiro *só é útil pelo seu valor de troca*. Outros bens possuem diversas utilidades "reais", de modo que um aumento em sua oferta satisfaz os desejos de mais consumidores. Já o dinheiro, por sua vez, possui utilidade apenas enquanto possibilitador de trocas; sua utilidade está justamente em seu valor de troca ou em seu "poder de compra". Esta lei – de que um aumento na oferta monetária não confere um benefício social – deriva do uso exclusivo, específico e único do dinheiro como meio de troca.

Um aumento na oferta monetária, portanto, irá apenas diluir a efetividade de cada unidade monetária – ou, no nosso caso, de cada onça de ouro. Por outro lado, uma redução da oferta monetária irá aumentar a capacidade de cada unidade monetária de cumprir sua função. Chegamos assim à surpreendente verdade de que *não importa qual seja a oferta monetária*. Uma determinada quantidade de dinheiro será tão boa quanto qualquer outra quantidade. O livre mercado simplesmente se ajustará alterando o poder de compra, ou a efetividade, da unidade de ouro. Não há nenhuma necessidade de se interferir no mercado com o intuito de alterar a oferta monetária determinada pelo livre mercado.

Nesta altura, o adepto do gerenciamento estatal do dinheiro irá contestar: "Muito bem, admitindo que é inútil aumentar a oferta monetária, então a mineração de ouro não seria um desperdício de recursos? O governo não deveria manter a oferta monetária constante e proibir novas minerações?" Esse argumento pode ser plausível para aqueles que não possuem objeções às intervenções governamentais, mas não convencerá um resoluto defensor da liberdade. Porém, tal objeção ignora um ponto importante: o fato de que o ouro não é somente dinheiro; ele também é, inevitavelmente, uma *mercadoria*. Um aumento na oferta de ouro pode não conferir nenhum benefício *monetário*, mas confere sim benefícios *não-monetários* – ou seja, aumenta a quantidade de ouro utilizada no consumo (ornamentos, usos odontológicos e coisas do tipo) e na produção (insumos industriais). A mineração de ouro, portanto, não é de forma alguma um desperdício social.

Consequentemente, podemos concluir que a melhor maneira de determinar a quantidade de dinheiro na economia, assim como a quantidade de todos os demais bens, é deixando tal serviço a cargo do livre mercado. Além das indiscutíveis vantagens morais e econômicas da liberdade sobre a coerção, uma quantia de dinheiro estipulada por burocratas não será mais efetiva do que a quantidade de dinheiro estabelecida pelo livre mercado, o qual determinará a produção de ouro de acordo com sua relativa capacidade de satisfazer a necessidade dos consumidores – assim como já faz com todas as outras áreas da economia.[10]

9. O problema do "entesouramento"

O crítico da liberdade monetária, no entanto, não é facilmente silenciado. Há, em particular, o antigo fantasma do "entesouramento". A imagem que inevitavelmente vem à mente é a do velho avarento e egoísta que, talvez irracionalmente, talvez por motivos malvados, amontoa e acumula dinheiro (ouro) no porão ou no sótão de sua casa, sem utilizá-lo e sem emprestá-lo – desta forma, estancando o fluxo de circulação e transação da moeda, gerando depressões e outros problemas.

Mas será que o entesouramento é realmente uma ameaça?

Em primeiro lugar, o que aconteceu foi simplesmente que o velho avarento *aumentou sua demanda por dinheiro*. Como resultado – e supondo-se que isso esteja ocorrendo ao longo de toda a economia –, os preços dos bens terão de cair e o poder de compra da onça de ouro irá *aumentar*. Não

---

10   A mineração de ouro, obviamente, não é uma atividade especialmente mais lucrativa do que qualquer outra. No longo prazo, a taxa de lucro desta atividade será igual à taxa de lucro líquida de qualquer outra indústria.

houve nenhuma perda para a sociedade, a qual irá continuar funcionando com uma oferta agora menor, porém mais "poderosa", de onças de ouro. Cada onça de ouro possui agora um poder de compra maior.

Portanto, mesmo no pior cenário possível, nada de errado aconteceu; a liberdade monetária não criou dificuldades.

Mas há outro detalhe que está sendo ignorado: não é de modo algum irracional que as pessoas queiram manter consigo uma quantia *maior* ou *menor* de dinheiro. Em termos mais técnicos, não há nada de errado com o fato de que as pessoas queiram a todo o momento variar seus encaixes.

Façamos aqui uma análise mais aprofundada da questão dos encaixes. Por que as pessoas desejam ter encaixes? Isto é, por que as pessoas desejam portar dinheiro vivo? Por que elas desejam ter liquidez? Suponhamos que todos fôssemos capazes de prever o futuro com a mais absoluta certeza. Neste caso, ninguém jamais teria de manter encaixes disponíveis. Ninguém jamais teria de se preocupar em ter liquidez. Ninguém jamais teria de se preocupar em ter consigo, a todo o momento, uma determinada quantia de dinheiro prontamente disponível. Afinal, todos saberiam com exatidão quanto iriam gastar e quanto de receita teriam em qualquer data futura. O indivíduo não precisaria ter à mão nenhuma quantia de dinheiro vivo. Ele poderia simplesmente emprestar todo o seu dinheiro e cobrar os juros exatamente naquelas datas em que tivesse de incorrer em despesas, e exatamente no valor necessário.

Mas, é claro, a realidade é outra. Vivemos em um mundo de *incertezas*. As pessoas não sabem com exatidão o que lhes acontecerá ou quais serão suas receitas e custos futuros. Quanto mais incertas e temerosas forem as pessoas, maior será o valor dos encaixes que desejarão manter; e quanto mais seguras forem, menor será este valor. Outra razão para se manter encaixes também advém da incerteza. Se as pessoas creem que o preço do dinheiro cairá no futuro próximo – isto é, se elas creem que haverá inflação de preços –, então elas gastarão mais agora, enquanto o dinheiro ainda tem valor, desta forma "desentesourando" e reduzindo sua demanda por dinheiro. Inversamente, se elas creem que o preço do dinheiro aumentará no futuro – isto é, que haverá redução de preços –, então elas irão aguardar para gastar o dinheiro apenas mais tarde, quando ele estiver valendo mais. Neste caso, a demanda por dinheiro irá aumentar. A demanda das pessoas por encaixes, portanto, aumenta e diminui por motivos sensatos.

Estão enganados aqueles economistas que acreditam que há algo de errado quando o dinheiro não está em "circulação" constante e ativa. É verdade que o dinheiro só é útil para intermediar a troca de coisas de valor, *mas ele não é útil apenas no momento em que ocorre a troca*. Essa verdade sempre foi muito negligenciada. O dinheiro é igualmente útil quando repousa "inerte" nos encaixes de alguém, mesmo que esteja dentro da gaveta de um avarento.[11] E o motivo é que este numerário está sendo guardado agora à espera de uma possível troca futura – dando ao seu dono, neste momento, a prestimosidade de permitir trocas a qualquer momento, presente ou futuro, que ele queira.

Vale lembrar que todo o ouro deve, em algum momento, pertencer a alguém, o que significa que todo o estoque de ouro tem necessariamente de estar nos encaixes das pessoas. Se houver 3.000 toneladas de ouro na sociedade, então todas essas 3.000 toneladas devem ter donos e estar, em qualquer dado momento, nos encaixes de cada indivíduo. O total da soma dos encaixes será sempre idêntico à quantidade total de dinheiro na sociedade. Consequentemente, e ironicamente, não fosse pela incerteza do mundo real, não haveria absolutamente nenhum sistema monetário! Em um mundo de certezas plenas, ninguém estaria disposto a portar dinheiro. A consequência disso? A demanda por dinheiro na sociedade cairia infinitamente, os preços dispararIam e qualquer sistema monetário que estivesse em uso entraria em colapso. Em vez de encaixes serem um fator incômodo e desagradável, interferindo nas trocas monetárias, eles são absolutamente necessários para o funcionamento de qualquer economia monetária.

Adicionalmente, é um equívoco dizer que o dinheiro "circula". Como todas as metáforas inspiradas nas ciências físicas, dizer que o dinheiro "circula" sugere algum tipo de processo mecânico independente da vontade humana, cujo fluxo se move a uma dada rapidez ou "velocidade". Na realidade, o dinheiro não "circula"; ele simplesmente é, a cada momento, *transferido* do encaixe de uma pessoa para o encaixe de outra pessoa. A existência do dinheiro, repetindo, depende da disposição das pessoas em manter encaixes.

No início desta seção, vimos que o "entesouramento" nunca acarreta qualquer perda para a sociedade. Agora, veremos que aquele movimento no preço do dinheiro causado por alterações na demanda por dinheiro produz um benefício social positivo – tão positivo quanto qualquer benefício gerado pelo aumento na oferta de bens e serviços. Vimos que a soma dos encaixes de uma sociedade é igual e idêntica à oferta monetária

---

11 A partir de que momento o encaixe de um indivíduo se torna um vergonhoso "entesouramento"? A partir de que momento um indivíduo prudente se torna um avarento? É impossível estabelecer qualquer critério definitivo. Geralmente, a acusação de "entesouramento" significa que A está portando mais dinheiro do que B julga ser apropriado para A.

total. Suponhamos que a oferta monetária permaneça constante: digamos, 3.000 toneladas. Agora, suponha que por algum motivo qualquer – talvez uma crescente apreensão nas pessoas –, a demanda das pessoas por encaixes *aumente*. Certamente, satisfazer essa demanda é um benefício social positivo. Mas como tal demanda poderá ser satisfeita se a soma total de dinheiro deve permanecer a mesma?

É simples: com as pessoas agora dando mais valor aos seus encaixes, a demanda por dinheiro aumenta e os preços caem. Como consequência, a mesma soma total de encaixes agora possui um maior poder de compra. A mesma quantidade de dinheiro agora confere um saldo "real" maior; a mesma soma de dinheiro é agora proporcionalmente maior do que os preços dos bens. O trabalho que o dinheiro tem de efetuar agora é menor. Uma mesma quantia de dinheiro compra mais bens e serviços. Ou, o que dá no mesmo, uma menor quantia de dinheiro compra a mesma quantidade de bens e serviços de antes. Em suma, os encaixes efetivos do público aumentaram. Inversamente, uma redução na demanda por dinheiro gerará um aumento nos gastos das pessoas e preços maiores. Este desejo do público por encaixes efetivos menores, algo que voluntariamente expresso, será satisfeito pela necessidade de que uma determinada quantidade de dinheiro tenha agora de efetuar mais trabalho.

Assim, ao passo que uma alteração no preço do dinheiro oriunda de mudanças na oferta monetária irá simplesmente alterar a efetividade da unidade monetária, sem conferir nenhum benefício social, uma redução ou um aumento no preço do dinheiro causados por uma mudança na *demanda por* encaixes *de fato* produz um benefício social, pois satisfaz o desejo do público por uma proporção maior ou menor de encaixes necessários para efetuar as atividades realizadas pelo dinheiro. Por outro lado, um aumento na *oferta* de dinheiro *frustrará* a demanda do público por encaixes mais *efetivos* (mais efetivos em termos de poder de compra).

Sempre que perguntadas, as pessoas quase sempre dirão que querem o máximo de dinheiro que puderem conseguir. Mas o que elas realmente querem não é um maior número de unidades monetárias – mais onças de ouro ou pedaços de papel –, mas sim unidades mais *eficazes*, isto é, capazes de comprar mais bens e serviços. Vimos que a sociedade não pode satisfazer sua demanda por mais dinheiro simplesmente aumentando a oferta deste, pois um aumento da oferta monetária irá simplesmente *diluir* a eficácia de cada unidade monetária – e o dinheiro, na prática, não será realmente mais abundante do que antes.

O padrão de vida das pessoas (salvo nos usos não monetários do ouro) não pode ser aumentado pela mineração de uma maior quantidade de ouro. Se as pessoas querem onças de ouro mais eficazes em seus encaixes, elas poderão obtê-las somente por meio de uma queda nos preços e de um consequente aumento na eficácia de cada onça de ouro.

10. Estabilizar o nível de preços?

Alguns teóricos afirmam fervorosamente que um sistema monetário livre não seria sensato, pois "o nível de preços não seria estável", isto é, o preço da unidade monetária variaria. O dinheiro, dizem eles, supostamente tem de ser um padrão de medida fixo, uma espécie de gabarito que jamais é alterado. Consequentemente, seu valor, ou seu poder de compra, deve ser constante. Mas isso, como já vimos, é uma impossibilidade. Um aumento na quantidade de bens e serviços aumenta o poder de compra do dinheiro. Uma redução nessa quantidade diminui o poder de compra. Se um determinado setor da economia é mais produtivo do que outro setor, seus preços cairão mais. Da mesma forma, uma simples alteração nas preferências dos indivíduos por determinados bens e serviços pode alterar os preços de toda a economia. É, portanto, perfeitamente factível que, em uma economia normal, preços subam em determinados setores, e caiam em outros. É impossível, portanto, querer que o poder de compra do dinheiro seja imutável.

E dado que o preço do dinheiro reconhecidamente flutua no livre mercado, então, segundo os defensores da "estabilidade" do poder de compra do dinheiro, a liberdade deveria ser sobrepujada pelo gerenciamento governamental para se garantir tal estabilidade.[12] A estabilidade, dizem eles, proporcionaria justiça, por exemplo, para credores e devedores, que teriam a certeza de que estariam devolvendo unidades monetárias, ou onças de ouro, com o mesmo poder de compra de quando emprestaram ou tomaram emprestado.

Todavia, caso credores e devedores queiram se resguardar de mudanças futuras no poder de compra do dinheiro, eles podem facilmente fazer isso no livre mercado. Ao elaborarem seus contratos, eles podem acordar que o ressarcimento seja feito em uma soma monetária *ajustada* por algum índice que mensure as mudanças ocorridas no valor do dinheiro. Os defensores da fictícia estabilidade do poder de compra do dinheiro há

---

12 Como o governo faria isso não nos importa no momento. Basicamente, envolveria mudanças -- operadas pelo governo – na oferta monetária.

muito defendem tais medidas, porém, muito estranhamente, os próprios emprestadores e tomadores de empréstimo, que supostamente mais se beneficiariam com essa estabilidade, muito raro tiram proveito desta oportunidade. Deveria então o governo *forçar* certos "benefícios" a pessoas que livremente já os rejeitaram?

Aparentemente, empreendedores preferem correr riscos, neste mundo de irremediável incerteza, e confiar mais em suas capacidades de antecipar as condições do mercado do que em decretos governamentais. Afinal, o preço do dinheiro não é diferente de nenhum outro preço no livre no mercado. Qualquer preço pode mudar em resposta a alterações na demanda dos indivíduos. Por que seria diferente com os preços monetários?

Com efeito, a estabilização artificial do valor do dinheiro iria distorcer e afetar seriamente as atividades do mercado. Como já aludimos na seção anterior, as pessoas inevitavelmente teriam frustrados seus desejos de alterar a real proporção de seus encaixes; não haveria nenhuma oportunidade de alterar seus encaixes em relação aos preços. No que mais, um genuíno aumento no padrão de vida das pessoas decorre de investimentos em capital, o que aumenta a produtividade. E um aumento na produtividade tende a reduzir os preços (e os custos) e, por conseguinte, a distribuir os frutos da livre iniciativa para todo o público, elevando o padrão de vida de todos os consumidores. Aumentar forçadamente o nível dos preços impede essa disseminação de um padrão de vida mais elevado.

O dinheiro, em suma, não é "um padrão de medida fixo". É uma mercadoria que serve como meio para trocas. Haver uma flexibilidade em seu valor, em resposta a alterações nas demandas dos consumidores, é tão importante e tão benéfico quanto o livre estabelecimento de qualquer outro preço no mercado.

11. Moedas paralelas

Até agora, obtivemos a seguinte descrição do dinheiro em uma economia genuinamente livre: ouro ou prata passando a ser utilizados como meio de troca; ouro cunhado por empresas privadas concorrentes, com seu valor de face denominado por seu peso (massa); preços flutuando livremente no mercado em resposta às demandas dos consumidores e às ofertas das fontes produtoras. A liberdade de preços necessariamente implica que eventuais mudanças no poder de compra da unidade monetária devem ocorrer desimpedidamente; seria impossível utilizar a força para interferir nas flutuações do valor do dinheiro sem que isso afetasse a liberdade de preços de todos os bens. A economia livre que resultaria deste arranjo não seria caótica. Ao contrário, seria uma economia dinâmica, sempre rápida e eficiente em prover os desejos dos consumidores. Por fim, o mercado para a oferta de dinheiro também pode ser livre.

Até aqui, simplificamos o problema ao pressupormos que havia apenas uma moeda metálica – por exemplo, o ouro. Mas suponhamos que *duas* ou mais moedas continuem a circular no mercado mundial – por exemplo, ouro e prata. Com grande probabilidade, o ouro seria a moeda em uma área e a prata, em outra; ou ainda, ambos circulariam lado a lado. O ouro, por exemplo, ao ser comparativamente mais valioso no mercado que a prata, poderia ser usado para as transações maiores e a prata, para as menores.

Duas moedas não seria algo inviável e caótico? Não teria o governo de intervir e impor uma razão fixa entre elas ("bimetalismo")? Ou não seria melhor ele, de alguma forma, desmonetizar um ou outro metal (impondo um "padrão único")?

É muito possível que o mercado, operando livremente, acabe estabelecendo um único metal como sendo dinheiro. Porém, o fato é que, nos últimos séculos, a prata obstinadamente desafiou o ouro. Entretanto, não é necessário que o governo interfira para salvar o mercado de sua própria "extravagância" de manter duas moedas. A prata permaneceu em circulação exatamente porque era conveniente (para ser utilizada em trocos, por exemplo). Ouro e prata poderiam facilmente circular lado a lado, e de fato já o fizeram no passado. A demanda e a oferta dos dois metais determinarão a taxa de câmbio entre eles, e esta taxa, *como qualquer outro preço*, irá flutuar continuamente em resposta a estas forças variáveis. Em um dado momento, por exemplo, 16 onças de prata poderão ser cambiadas por 1 onça de ouro; em outro momento, a taxa de câmbio poderá cair para 15:1 etc. Qual metal servirá como unidade contábil dependerá das circunstâncias concretas do mercado. Se o ouro for a unidade de conta, então a maior parte das transações será computada em onças de ouro, de modo que as onças de prata serão transacionadas tendo seu preço flutuando livremente em termos de ouro.

Tem de estar claro que a taxa de câmbio e o poder de compra das unidades dos dois metais sempre tenderão a ser proporcionais. Se os preços dos bens são quinze vezes maiores em prata do que em ouro, então a taxa de câmbio tenderá a se manter em 15:1. Caso contrário, será vantajoso trocar uma pela outra até que a paridade seja atingida (medida essa chamada de 'arbitragem'). Por exemplo, se os preços são quinze vezes maiores em prata do que em ouro, mas a taxa de câmbio entre os dois metais está em 20:1

(o que significa que a prata está subvalorizada em relação ao ouro), então as pessoas correrão para vender alguns bens em troca de ouro, utilizarão esse ouro para comprar prata, e em seguida recomprarão estes bens com a prata, colhendo um belo lucro no processo. Tal medida irá rapidamente restaurar a "paridade do poder de compra" da taxa de câmbio.

O livre mercado, em suma, é eminentemente *ordeiro, disciplinado, metódico e sistemático* não apenas quando o sistema monetário é livre, mas até mesmo quando há mais de uma moeda em circulação.

Que tipo de "padrão" um sistema monetário livre proporcionará? Impossível saber de antemão. O importante é que, qualquer que seja o padrão, ele não seja imposto por decreto governamental. Caso seja deixado livre, o mercado poderá talvez estabelecer o ouro como a única moeda ("padrão-ouro"), ou a prata como única moeda ("padrão-prata"), ou muito provavelmente ambos, com uma taxa de câmbio livre e flutuante ("padrões paralelos").[13]

12. Armazéns de dinheiro

Suponhamos, então, que o livre mercado tenha escolhido o ouro como dinheiro (em prol da simplicidade, esqueçamos novamente da prata). Mesmo estando no conveniente formato de moedas, portar ouro e utilizá-lo em transações diretas é pouco prático e um tanto incômodo. Para as transações maiores, é complicado e caro transportar centenas de quilos de ouro. No entanto, o livre mercado, sempre ávido para satisfazer as necessidades sociais, vem ao socorro. Para começar, o ouro tem de ser armazenado em algum lugar. Consequentemente, um empreendimento dedicado a este fim terá de surgir. Assim como a especialização funciona muito bem em outros tipos de empreendimento, também será eficiente no ramo da armazenagem.

---

13   Para exemplos históricos de padrões paralelos, ver W. Stanley Jevons, *Money and the Mechanism of Exchange*, London, Kegan Paul, 1905, p. 88-96 e Robert S. Lopez, "Back to Gold, 1252", *Economic History Review* (dezembro 1956), 224. A cunhagem de ouro foi introduzida na Europa moderna quase que ao mesmo tempo em Gênova e Florença. Florença instituiu o bimetalismo ao passo que "Gênova, ao contrário, em conformidade com o princípio de restringir a intervenção do estado o máximo possível, não tentou impor uma relação fixa entre moedas de diferentes metais," ibid. Sobre a teoria de padrões paralelos, ver Ludwig von Mises, *Theory of Money and Credit*, p. 179 ss. Para uma proposta para os Estados Unidos adotarem o padrão paralelo, feita por um oficial do U. S. Assay Office, ver I. W. Sylverter, *Bullion Certificates as Currency*, Nova York, 1882.

Logo, certas empresas dedicadas ao armazenamento de ouro surgirão no mercado. Sua especialização fará com que elas sejam bem-sucedidas no fornecimento de serviços de armazenagem. Elas guardarão ouro em nome de seus vários depositantes. Como no caso de todos os armazéns gerais, o direito de propriedade destes depositantes aos seus bens armazenados será estabelecido por um *recibo de armazenagem*, o qual ele recebe em troca da estocagem de seus bens. Este recibo confere ao proprietário o direito de reivindicar seus bens a todo e qualquer momento. Estas empresas de armazenagem de ouro lucrarão da mesma maneira que todas as outras empresas lucram em um livre mercado – cobrando um preço por seus serviços de armazenagem.

Há todos os motivos para se acreditar que armazéns de ouro, ou armazéns de dinheiro, prosperarão no livre mercado da mesma maneira que quaisquer outros tipos de armazéns prosperam. Com efeito, serviços de armazenagem desempenham um papel ainda mais importante no caso do dinheiro. Afinal, todos os outros bens que não o dinheiro são consumidos, de modo que devem ser retirados do armazém após certo tempo para serem utilizados na produção ou no consumo. Mas o dinheiro, como vimos, quase não é 'consumido' no sentido físico; ele é apenas utilizado como meio de troca por outros bens. Quando não está sendo trocado, ele simplesmente está parado em posse de alguém, esperando para ser trocado por algo no futuro. Em suma, o dinheiro, ao contrário de outros bens, não é exaurido em processos de produção ou de consumo; ele é simplesmente transferido de uma pessoa para outra.

Em tal situação, a conveniência inevitavelmente faz com que seja preferível simplesmente *transferir o recibo de armazenagem em vez do próprio ouro físico*. Suponhamos, por exemplo, que tanto Silva quanto João guardem ouro na mesma empresa de armazenagem. João vende um automóvel para Silva por 100 onças de ouro. Eles poderiam perfazer todo aquele dispendioso processo em que Silva vai ao armazém, restitui seu recibo em ouro físico, transporta o ouro para o escritório de João para que logo em seguida João volte para o armazém para depositar novamente o ouro. No entanto, não há dúvidas de que eles escolherão um procedimento muito mais conveniente: Silva simplesmente dará a João seu recibo de armazenagem de 100 onças de ouro.

Desta forma, recibos de armazenagem de dinheiro passam a funcionar cada vez mais como *substitutos monetários*. O número de transações que movimentam ouro de verdade torna-se cada vez menor; títulos de papel restituíveis em ouro passam a ser crescentemente utilizados.

À medida que os mercados vão se aperfeiçoando, haverá três limites sobre a amplitude desse processo de substituição.

O primeiro limite é a intensidade com que as pessoas utilizam estes armazéns de dinheiro – chamados de *bancos* – em vez do dinheiro em espécie. Claramente, se João, por algum motivo, não gostar de usar um banco, Silva teria de transportar o ouro físico até Silva.

O *segundo* limite é a amplitude da clientela de *cada banco*. Em outras palavras, quanto mais transações ocorrerem entre clientes de bancos *diferentes*, maior a quantidade de ouro que terá de ser transportada entre os bancos. Quanto mais transações forem feitas entre clientes do mesmo banco, menor será a necessidade de transportar ouro. Se José e Silva fossem clientes de diferentes bancos, o banco de Silva (ou o próprio Silva) teria de transportar o ouro até o banco de José.

O *terceiro* limite é o fato de que a clientela tem de ter confiança na integridade de seus bancos. Caso de repente seja descoberto, por exemplo, que os funcionários de um determinado banco possuem antecedentes criminais, provavelmente este banco perderia seu mercado em um curtíssimo espaço de tempo. Neste quesito específico, todos os serviços de armazenagem – e todos os negócios baseados na credibilidade – operam igualmente.

À medida que os bancos vão crescendo e a confiança nessas instituições vai aumentando, os clientes podem julgar ser mais conveniente abrir mão de seu direito de receber recibos de papel – chamados de *cédulas – e, em vez disso, manter sua titularidade na forma de contas que podem ser movimentadas sob demanda.* Na esfera monetária, essas contas foram chamadas de *depósitos bancários* ou *contas-correntes*. Em vez de transferir recibos de papel, o cliente efetua suas transações ao escrever uma ordem para que seu banco transfira uma porção desta sua conta para outra pessoa. Assim, em nosso exemplo, Silva dará uma ordem ao banco para transferir o título de posse de suas 100 onças de ouro para José. Essa ordem por escrito é chamada de *cheque*.

É importante ficar claro que, economicamente, não deve haver diferença entre uma cédula e um depósito bancário. Ambos são títulos de propriedade sobre o ouro estocado; ambos são similarmente transacionados e transferidos como sendo substitutos monetários e têm os mesmos três limites sobre a amplitude de seu uso. O cliente pode escolher, de acordo com essa conveniência, se deseja manter seu título em forma de cédula ou de depósito.[14]

---

14 Uma terceira forma de substituto monetário serão as *moedinhas metálicas de pequeno valor*, para

Mas, então, o que ocorreu até o momento com a oferta monetária em decorrência de todas essas operações? Se as cédulas ou os depósitos bancários são utilizados como "substitutos monetários", isso não significaria que a efetiva oferta monetária da economia aumentou, mesmo com o estoque de ouro permanecendo o mesmo? É claro que não. Os substitutos monetários são simplesmente recibos de armazenagem referentes ao ouro realmente em custódia. Se José deposita 100 onças de ouro em seu banco e em troca recebe um recibo (que é um título de propriedade), este pode ser utilizado no mercado como dinheiro, mas somente como um conveniente *substituto* do ouro, não como um incremento. O ouro no cofre, portanto, não faz mais parte da efetiva oferta monetária da economia; ele é apenas mantido como uma reserva, um *lastro*, para o recibo emitido, podendo ser solicitado sempre que desejado por seu proprietário.

Um aumento ou um decréscimo no uso dos substitutos monetários, portanto, não exerce nenhuma alteração na oferta monetária. Somente a *forma* da oferta é modificada, não o total. Sendo assim, a oferta monetária de uma comunidade pode começar como sendo de dez milhões de onças de ouro. Deste valor, seis milhões de onças podem ser depositadas em bancos em troca de certificados de ouro. Como consequência, a oferta monetária efetiva será agora de quatro milhões em onças de ouro e seis milhões em certificados de ouro na forma de cédulas. A oferta monetária total permanece a mesma.

Curiosamente, são muitas as pessoas que afirmam que seria impossível os bancos ganharem dinheiro caso operassem sob este arranjo de "100% de reservas" (com o ouro sempre sendo representado por seu recibo de armazenagem). No entanto, não há nenhum problema real neste arranjo, assim como não há nenhum problema de lucro quando se trata de serviços de armazenagem. Praticamente todos os armazéns gerais mantêm todos os bens de seus proprietários em custódia (100% de reserva) – com efeito, seria considerado fraude ou roubo agir de maneira distinta. Os lucros dessa atividade são obtidos por meio da cobrança de taxas de serviço dos seus clientes. Os bancos podem, da mesma maneira, cobrar por seus serviços. Caso se argumente que os clientes não pagarão pelas altas taxas de serviço, isso significa que os serviços dos bancos não estão em grande demanda, de modo que o uso de seus serviços cairá aos níveis que os consumidores considerem convenientes.

Chegamos agora àquele que possivelmente é o problema mais espinhoso com que o economista tem de lidar: a avaliação do "sistema bancário

---

serem usadas como pequenos trocados. Na verdade, são equivalentes às cédulas, mas são "impressas" em um metal e não em um papel.

de reservas fracionárias". A pergunta que tem de ser feita é: a reserva fracionária seria permitida em um livre mercado ou seria banida como sendo fraude? É um fato amplamente conhecido que os bancos raramente mantêm 100% de reservas para seus depósitos. Já que o dinheiro pode permanecer depositado por um longo período de tempo, o banco se sente tentado a usar parte desse dinheiro para benefício próprio – ele também é tentado porque as pessoas não se preocupam se as moedas de ouro que receberão de volta são exatamente as mesmas moedas que depositaram. Toda essa combinação de fatores faz com que o banco se sinta tentado a usar o dinheiro de outrem para auferir lucros para si mesmo.

Se os bancos emprestarem o ouro diretamente, os respectivos recibos emitidos para esse ouro estarão parcialmente invalidados. Afinal, há agora alguns recibos sem nenhum lastro em ouro; ou seja, o banco passa a estar efetivamente insolvente, uma vez que ele não tem como saldar todas as suas próprias obrigações caso assim seja exigido. Não há como ele devolver *toda* a propriedade de seus clientes caso estes decidam restituir todos os seus recibos em ouro.

O que ocorre é que os bancos, em vez de emprestarem o ouro diretamente para os tomadores de empréstimo, imprimem "pseudo"-recibos de armazenagem, recibos sem lastro, dado que o ouro que deveria lastrear estes recibos não está lá e nem poderia estar. Estes recibos são, então, emprestados com o intuito de se auferir lucros. Claramente, o efeito econômico é o mesmo de se emprestar o ouro diretamente. São impressos mais recibos de armazenagem do que a quantidade de ouro existente nos cofres. O que o banco fez foi emitir recibos de armazenagem que não representam nada, mas que supostamente valem 100% do seu valor de face em termos de ouro. Os pseudo-recibos são derramados no mercado como se fossem idênticos aos verdadeiros recibos, sendo desta forma somados à efetiva oferta monetária do país.

No exemplo acima, se os bancos emitem dois milhões de onças em recibos falsos, sem nenhum lastro em ouro, a oferta monetária do país irá aumentar de dez para doze milhões de onças de ouro – ao menos até a trapaça ser descoberta e corrigida. Existem agora, além das quatro milhões de onças de ouro em posse do público, oito milhões de onças como substitutos monetários, sendo que somente seis milhões estão lastreadas em ouro.

A emissão dos pseudo-recibos, assim como a falsificação de uma moeda metálica, é um exemplo de *inflação*, algo que será estudado mais adiante. *Inflação* é um termo que pode ser definido como *qualquer aumento na oferta monetária que não consista de um aumento no estoque do metal utilizado como dinheiro*. Bancos que praticam reservas fracionárias, portanto, são instituições inerentemente inflacionárias.

Os defensores do sistema bancário respondem da seguinte maneira: os bancos estão simplesmente operando como qualquer outro empreendimento – correndo riscos. Reconhecidamente, se todos os depositantes apresentarem seus recibos e pedirem restituição em ouro, os bancos estarão falidos, dado que a quantidade de recibos excede o ouro nos cofres. Mas os bancos estão simplesmente assumindo o risco – em geral, justificado – de que nem todos irão exigir a restituição de seu ouro.

No entanto, a grande diferença entre o banco que pratica "reserva fracionária" e todos os outros empreendimentos é a seguinte: os outros empreendimentos utilizam capital próprio ou capital emprestado, e, se eles tomam crédito emprestado, eles prometem pagar em uma data futura, se certificando de ter, na data da quitação do empréstimo, dinheiro suficiente para cumprir com a obrigação. Se o senhor Silva toma emprestadas 100 onças de ouro por ano, ele se certificará de que 100 onças de ouro estejam disponíveis na data futura. Mas o banco, por sua vez, não está tomando empréstimo dos depositantes; ele não promete pagar o ouro numa determinada data futura. Ao contrário, ele promete restituir seu pseudo-recibo de armazenagem em ouro a qualquer momento, à vista.

Em suma, o depósito bancário ou o recibo emitido pelo banco, sem lastro em ouro, não é uma nota promissória ou uma dívida; é, isso sim, um recibo de armazenagem que confere ao seu portador o "direito" de reivindicar a propriedade de terceiros. Ademais, quando um empreendedor toma emprestado de alguém ou empresta dinheiro para alguém, ele não aumenta a oferta de moeda. As reservas emprestadas são fundos que foram *poupados*; são fundos que fazem parte da oferta monetária existente que estão apenas sendo transferidos do poupador para o tomador do empréstimo. As emissões bancárias, por outro lado, aumentam artificialmente a oferta monetária, uma vez que pseudo-recibos são injetados no mercado.

Um banco, portanto, não está incorrendo no mesmo tipo de risco em que incorrem outros empreendimentos. Ao contrário de como agem outros empreendedores, um banco não tem como organizar o padrão temporal de seus ativos proporcionalmente ao padrão temporal do seu passivo; ou seja, ao praticar reservas fracionárias, ele não tem como fazer com que ativos e passivos maturem na mesma data. Logo, ele não tem como garantir que terá dinheiro suficiente, nas datas estipuladas, para saldar suas contas. Afinal, a maior parte dos passivos de um banco é de maturação instantânea (depósitos à vista) ao passo que seus ativos (empréstimos) são de maturação mais longa.

Um banco, ao contrário de todos os outros empreendimentos, não adquire dinheiro por meio da produção e da venda de serviços. Ele simplesmente cria dinheiro do nada, empresta esse dinheiro e cobra juros sobre ele. Sendo assim, um banco que pratica reservas fracionárias opera, a todo e qualquer momento, em estado de insolvência; mas sua insolvência só é *revelada* quando seus clientes suspeitam de algo e fazem uma "corrida bancária". Nenhum outro tipo de empreendimento vivencia um fenômeno semelhante a uma "corrida bancária". Nenhum outro tipo de empreendimento pode ser levado à falência, do dia para a noite, apenas porque os clientes decidiram reaver os próprios bens. Nenhum outro tipo de empreendimento cria dinheiro fictício, que evaporará quando a realidade for exposta.

Os medonhos efeitos econômicos deste dinheiro fictício produzido pelo sistema bancário de reservas fracionárias serão explorados no próximo capítulo. Por enquanto, podemos concluir que, moralmente, esse tipo de sistema bancário seria visto em um verdadeiro livre mercado como sendo apenas mais uma forma implícita de roubo. É verdade que os depósitos bancários ou o recibos de armazenagem emitidos pelo banco (a cédula) na verdade não especificam em sua face que aquele sistema de armazenamento garante manter uma reserva total de ouro à mão durante todo o momento. Mas o banco de fato promete restituir estes títulos à vista; sendo assim, quando ele emite recibos falsos, ele já está cometendo fraude, uma vez que se torna imediatamente impossível para o banco cumprir sua promessa de restituir todos os seus recibos (cédulas) e depósitos.[15]

A fraude, portanto, é cometida imediatamente no ato de lançamento destes pseudo-recibos. *Quais* recibos em especial são fraudulentos é algo que só poderá ser descoberto *após* a "corrida bancária" (dado que todos os recibos são iguais); e aqueles reivindicantes que chegarem por último ficarão completamente desamparados.[16]

Se a tendência é que as fraudes sejam proibidas em uma sociedade livre, então o sistema bancário de reservas fracionárias terá o mesmo destino.[17]

---

15 Ver Amasa Walker, *The Science of Wealth*, 3rd. ed., Boston, 1867, p. 139-41 e p. 126-232 para uma excelente discussão sobre os problemas do dinheiro criado pelas reservas fracionárias.
16 Talvez um sistema libertário considerasse *"depósitos com garantias gerais"* (que permitiriam ao armazém devolver qualquer bem análogo ao depositante) como se fossem *"depósitos com garantias específicas"*, os quais, assim como o recibo de penhor e o comprovante de carga, estabelecem a propriedade de determinados objetos marcados. No caso dos *depósitos com garantias gerais*, o armazém é tentado a tratar a mercadoria como sendo *sua* propriedade, em vez de propriedade dos clientes. Isso é exatamente o que os bancos vêm fazendo. Ver Jevons, *Money and the Medium of Exchange*, p. 207-12.
17 Fraude é roubo *implícito*, que indica que um contrato não foi cumprido após o valor ter sido recebido. Em suma, se A vende a B uma caixa que traz a etiqueta "Flocos de Milho" e, ao abrir, B descobre se tratar de palha, a fraude de A é, na verdade, um furto da propriedade de B. Do mesmo

Suponhamos, no entanto, que a fraude e o sistema bancário de reserva fracionária sejam permitidos, sendo que a única obrigação dos bancos é a de restituir ouro à vista, de modo que o não cumprimento desta obrigação significaria falência instantânea. Tal sistema passou a ser conhecido como "sistema bancário livre" ou *free banking*. Nesse caso, será que haveria uma maciça emissão fraudulenta de substitutos monetários, resultando na criação artificial de dinheiro? Muitas pessoas acreditam que sim e acreditam que neste arranjo os bancos iriam simplesmente inflacionar a oferta monetária astronomicamente. Porém, muito pelo contrário, o "sistema bancário livre" teria levado a um sistema monetário muito mais "sólido" do que este que temos hoje.

Os bancos seriam restringidos pelos mesmos três limites de expansão que citei anteriormente, e seriam restringidos de maneira bastante rigorosa. Primeiramente, a expansão de cada banco estaria limitada pela perda de ouro em suas reservas para um outro banco, pois um banco só pode expandir a oferta monetária de maneira segura se garantir que seus pseudo-recibos ficarão dentro dos limites de sua *própria* clientela. Suponhamos, por exemplo, que o Banco A, com 10.000 onças de ouro depositadas, emita 2.000 onças de pseudo-recibos de ouro, e os empreste para vários empreendimentos ou os invista em papeis ou ações. O tomador deste empréstimo irá gastar este novo dinheiro em vários bens e serviços. No final deste processo, após algum tempo, este recibo criado do nada irá acabar chegando a alguém que é cliente de *outro* banco, o Banco B.

Neste ponto, o Banco B exigirá que o banco A restitua em ouro este recibo, de modo que o ouro possa ser transferido para os cofres do Banco B. Claramente, quanto maior a amplitude da clientela de cada banco, e quanto mais estes clientes transacionarem entre si, mais espaço haverá para que cada banco crie crédito e aumente a oferta monetária do nada.

Por outro lado, se a clientela do banco for pequena, então logo após ele ter criado dinheiro, ele será instado a restituir estes pseudo-recibos em ouro – e, como vimos, ele possui meios para restituir apenas uma fração destas suas obrigações. Para evitar a ameaça de falência, quanto menor a amplitude de sua clientela, maior será a fração de ouro que ele deverá manter em reserva, e menos ele poderá expandir.

Se houver um banco em cada país, haverá um escopo muito maior para a expansão monetária do que se houvesse um banco para cada duas

---

modo, a emissão de recibos de armazenagem para bens não existentes, recibos esses idênticos aos verdadeiros títulos, é fraude contra aqueles que possuem títulos sobre sua propriedade, a qual agora também está sob o comando de terceiros.

pessoas em um bairro. Tudo o mais constante, portanto, quanto mais bancos existirem, e quanto menor o tamanho de cada um, mais "rígida" – e melhor – será a oferta monetária. Similarmente, a clientela de um banco também será limitada por aqueles que não utilizam o sistema bancário de forma nenhuma. Quanto mais pessoas utilizarem ouro físico em vez de dinheiro bancário (cédulas/recibos ou depósitos), menos espaço haverá para uma inflação monetária criada pelos bancos.

Suponha, no entanto, que os bancos formem um cartel e concordem em aceitar os pseudo-recibos uns dos outros sem pedir restituição. Suponha ainda que o dinheiro criado pelos bancos seja universalmente utilizado. Neste caso, haveria algum limite para a expansão monetária dos bancos? Sim, a confiança dos clientes em seus respectivos bancos continuará impondo restrições. À medida que os bancos expandem o crédito e a oferta monetária a um ritmo crescente, um número cada vez maior de clientes ficará preocupado com a redução das reservas em relação ao número de pseudo-recibos emitidos. E, em uma sociedade verdadeiramente livre, aqueles que sabem a verdade a respeito da real insolvência do sistema bancário poderão formar Ligas Antibancos para incitar os correntistas a sacar seu dinheiro antes que seja tarde demais. Em suma, ligas capazes de instar corridas bancárias, ou simplesmente de ameaçar fazê-lo, serão capazes de paralisar e reverter a expansão monetária.

Essa discussão não tem a intenção de impugnar a prática geral de *crédito*, a qual possui uma função importante e vital no livre mercado. Em uma transação de crédito, o detentor do dinheiro (um bem útil no presente) o troca por um título de dívida a ser quitado em uma data futura (o título é um "bem futuro"), e os juros cobrados refletem o fato de que, no mercado, um bem presente vale mais do que o mesmo bem no futuro. Porém, depósitos ou cédulas bancárias *não* são crédito; são apenas recibos de armazenagem, títulos que permitem restituição instantânea do dinheiro (por exemplo, ouro) que está nos cofres dos bancos. O devedor se certifica de que é capaz de pagar seu débito quando chega a data; já o banco que pratica reserva fracionária pode pagar apenas uma pequena fração de seu passivo pendente.

No próximo capítulo, abordaremos o estudo das várias formas de interferência governamental no sistema monetário – a maior parte delas voltada não para reprimir emissões fraudulentas de dinheiro, mas, ao contrário, para retirar essas e outras restrições naturais à inflação.

13. Resumo

O que aprendemos a respeito do dinheiro em uma sociedade livre? Aprendemos que *todo e qualquer* dinheiro sempre se origina, e tem de se originar, de uma mercadoria que foi escolhida voluntariamente pelo livre mercado para ser o meio de troca. A unidade monetária é simplesmente uma unidade de massa desta mercadoria escolhida para servir como dinheiro – normalmente um metal, tal como ouro ou prata.

Sob condições de liberdade, as mercadorias escolhidas como dinheiro, seu formato e sua forma de uso estão a cargo das decisões voluntárias de indivíduos livres. A cunhagem privada, portanto, é tão legítima e válida quanto qualquer outra atividade comercial.

O "preço" do dinheiro é o seu poder de compra em termos de todos os bens da economia, e este poder de compra é determinado pela oferta de dinheiro e pela demanda de cada indivíduo por esta oferta de dinheiro. Qualquer tentativa do governo de controlar o preço interferirá na satisfação da demanda das pessoas por moeda.

Se as pessoas julgarem mais conveniente usar mais de um metal como dinheiro, a taxa de câmbio entre as moedas no mercado será determinada pelas ofertas e demandas relativas, e tenderá a ser igual à razão de seus respectivos poderes de compra. Uma vez que a oferta de um determinado metal seja suficientemente alto, o que permita que o mercado o escolha como dinheiro, nenhum aumento na oferta pode aprimorar sua função monetária. Um aumento na oferta monetária irá simplesmente diluir a eficácia de cada onça de moeda sem ajudar em nada a economia. Um aumento no estoque de ouro ou prata, no entanto, satisfaz mais desejos *não-monetários* (propósitos ornamentais, industriais etc.) servidos pelo metal, e é, portanto, socialmente útil. A inflação (um aumento dos substitutos monetários não cobertos por um aumento no estoque de metal) nunca é socialmente útil, beneficiando apenas um grupo de pessoas à custa dos demais. Uma vez que a inflação é um ataque fraudulento à propriedade, ela não pode ocorrer no mercado livre.

Em suma, a liberdade pode reger um sistema monetário tão magnificamente quanto gere o restante da economia. Contrariamente ao que dizem muitos autores, não há nada de especial em relação ao dinheiro que requeira injunções governamentais tão amplas. Neste quesito, assim como em outros, homens livres suprirão todos os seus desejos econômicos da melhor e mais harmoniosa maneira possível. Para o dinheiro, assim como para todas as outras atividades humanas, "a liberdade é mãe, e não filha, da ordem".

Capítulo III
A Interferência do Governo na Moeda

1. As receitas do governo

Os governos, ao contrário de todas as outras organizações, não obtêm suas receitas por meio da oferta de serviços. Sendo assim, os governos enfrentam um problema econômico distinto daquele enfrentado por empresas e indivíduos. Indivíduos que desejam adquirir mais bens e serviços de outros indivíduos têm de produzir e vender aquilo que estes outros indivíduos desejam. Já os governos têm apenas de encontrar algum método de expropriar bens sem o consentimento de seus proprietários.

Em uma economia de escambo, os funcionários do governo podem expropriar recursos somente de uma maneira: confiscando bens *físicos*. Já em uma economia monetizada, eles descobrirão ser mais fácil confiscar ativos *monetários* para, em seguida, utilizar o dinheiro para adquirir bens e serviços para si próprios, ou ainda, para conceder subsídios para seus grupos favoritos. Tal confisco é chamado de *tributação*.[18]

A tributação, no entanto, é sempre algo impopular e, em épocas menos moderadas, frequentemente gerava revoluções. O surgimento do dinheiro, uma bênção para a espécie humana, também abriu um caminho sutil para a expropriação governamental de recursos. No livre mercado, o dinheiro pode ser adquirido de duas formas: ou o indivíduo produz e vende bens e serviços desejados por terceiros, ou ele se dedica à mineração de ouro (um negócio tão lucrativo como outro qualquer, no longo prazo). Mas se o governo descobrir maneiras de praticar *falsificação* – criar dinheiro do nada –, então ele poderá, rapidamente, produzir o próprio dinheiro sem ter o trabalho de vender serviços ou de garimpar ouro. Ele poderá, assim, se apropriar maliciosamente de recursos e de forma bastante discreta, sem suscitar as hostilidades desencadeadas pela tributação. Com efeito, a falsificação pode criar em suas próprias vítimas a feliz ilusão de incomparável prosperidade.

---

18 O confisco direto de bens, portanto, não é agora tão amplo quanto a expropriação monetária. Mas exemplos do primeiro caso ainda ocorrem na forma de desapropriação de terras de acordo com o "devido processo legal", de aquartelamento de tropas em um país ocupado e, especialmente, de utilização coerciva de mão-de-obra (por exemplo, recrutamento para o serviço militar obrigatório, convocação compulsória para se ser jurado, e obrigatoriedade do comércio de manter o registro dos impostos e de reter impostos na fonte).

Falsificação, evidentemente, nada mais é do que outro nome para a inflação – ambas criam um novo "dinheiro" que não é um metal como ouro ou prata e ambas funcionam similarmente. E assim podemos entender por que os governos são inerentemente inflacionários: porque a inflação monetária é um meio poderoso e sutil para o governo adquirir recursos do público, uma forma de tributação indolor e bem mais perigosa.

2. Os efeitos econômicos da inflação

Para mensurar os efeitos econômicos da inflação, vejamos o que acontece quando um grupo de falsificadores dá início ao seu "trabalho". Suponhamos que a economia tenha uma oferta de 10.000 onças de ouro. E então os falsificadores, tão sagazes que ninguém os percebe, injetam mais 2.000 "onças" nesta economia. Quais serão as consequências?

Inicialmente, os próprios falsificadores serão os primeiros a se beneficiar. Eles utilizarão esse dinheiro recém-criado para comprar bens e serviços. Como bem ilustrou uma famosa charge da revista *New Yorker*, que mostrava um grupo de falsificadores contemplando solenemente o próprio trabalho: "Os gastos em consumo estão prestes a receber um grande e necessário estímulo". Exatamente. Os gastos em consumo, de fato, realmente *recebem* um estímulo.

Esse dinheiro novo vai percorrendo, pouco a pouco, todo o sistema econômico. À medida que ele vai se espalhando pela economia, os preços vão aumentando – como vimos antes, dinheiro criado do nada pode apenas diluir a eficácia de cada unidade monetária. Mas essa diluição é um processo lento e, por isso, é desigual; durante este ínterim, algumas pessoas ganham e outras perdem. No início deste processo, a renda e o poder de compra dos falsificadores e dos varejistas locais aumentam antes que tenha havido qualquer aumento nos preços dos bens e serviços que eles compram. Com o tempo, à medida que o dinheiro vai perpassando toda a economia e elevando os preços, aquelas pessoas que estão nas áreas mais remotas da economia e que ainda não receberam esse dinheiro recém-criado terão de lidar com preços maiores sem que tenham vivenciado um aumento de suas rendas. Os varejistas que estão do outro lado do país, por exemplo, estarão em pior situação. Terão de lidar com preços maiores sem que sua renda e seu poder de compra tenham aumentado. Os primeiros recebedores do dinheiro novo se beneficiam à custa daqueles que recebem este dinheiro por último. Houve uma redistribuição de renda às avessas.

A inflação, portanto, não gera nenhum benefício social; ao contrário, ela redistribui a riqueza para aqueles que obtiveram primeiramente o dinheiro recém-criado, e tudo à custa daqueles que o recebem por último. A inflação é, efetivamente, uma disputa – uma disputa para ver quem obtém antes dos outros a maior fatia do dinheiro recém-criado. Aqueles que ficam por último – aqueles que arcam com a redução de seu poder de compra – são majoritariamente aqueles que estão no chamado de "grupo de renda fixa". Sacerdotes, professores e assalariados em geral estão notoriamente entre aqueles que são os últimos a receber este dinheiro recém-criado. Aposentados, pensionistas, pessoas dependentes de algum seguro de vida, senhorios com contratos de aluguel de longo prazo, portadores de títulos e credores em geral, aqueles que portam dinheiro em espécie – todos arcarão com o fardo da inflação. Eles são os únicos "tributados".[19]

A inflação gera outros efeitos desastrosos. Ela distorce aquele pilar básico da economia: o cálculo empreendedorial. Dado que os preços não se alteram de maneira uniforme e com a mesma velocidade, torna-se muito difícil para os empreendedores distinguir aquilo que é duradouro daquilo que é transitório, e mensurar corretamente as verdadeiras demandas do consumidor ou o custo de suas operações. Por exemplo, a norma da prática contábil é registrar o "custo" de um ativo pelo valor em que ele foi pago. Porém, com a inflação, o custo de repor este ativo quando ele já estiver exaurido será bem maior do que aquele valor registrado nos livros contábeis. Como resultado, a contabilidade das empresas irá superestimar acentuadamente seus lucros durante um processo de inflação – podendo até mesmo chegar ao ponto de estar consumindo seu capital ao mesmo tempo em que se imagina estar aumentando os investimentos.[20] Do mesmo modo, os detentores de ações e de imóveis auferirão ganhos de capital durante a inflação que não são de modo algum ganhos reais. Eles podem até acabar consumindo parte destes ganhos sem perceber que estão consumindo seu capital original.

Ao criar lucros ilusórios e distorcer o cálculo econômico, a inflação suspenderá o processo – feito automaticamente pelo livre mercado – de penalização das empresas ineficientes e de recompensa das eficientes. Quase todas as empresas irão aparentemente prosperar. Essa atmosfera

---

19 Virou moda ridicularizar a preocupação demonstrada pelos "conservadores" para com "as viúvas e os órfãos" prejudicados pela inflação. E, no entanto, esse é exatamente um dos principais problemas que devem ser enfrentados. Será que é realmente "progressista" roubar viúvas e órfãos e utilizar os proventos para subsidiar fazendeiros ricos e empresários poderosos?
20 Esse erro será maior naquelas empresas com equipamentos mais velhos e nas indústrias mais pesadamente capitalizadas. Um excessivo número de empresas, por conseguinte, irá fluir para essas indústrias durante uma inflação. Para aprofundar a discussão sobre este erro contábil gerado pela inflação, ver W, T. Baxter, "The Accountant's Contribution to the Trade Cycle", *Economica*, maio de 1955, p.99-112.

geral de "mercado propício ao consumo" levará a um declínio na qualidade dos bens e serviços ofertados aos consumidores, uma vez que os consumidores tendem a oferecer menos resistência a aumentos de preços quando estes ocorrem na forma de redução da qualidade.[21]

A qualidade da mão-de-obra também será pior durante uma inflação e por um motivo mais sutil: as pessoas serão cativadas por esquemas que prometem enriquecimento rápido, os quais, durante uma época de preços em ascensão, parecem estar ao alcance de praticamente todos. Ao mesmo tempo, várias pessoas passarão a desdenhar o esforço e a prudência. A inflação também penaliza a poupança e a frugalidade, premia o consumismo e encoraja o endividamento, pois qualquer soma tomada emprestada hoje será paga no futuro com um dinheiro cujo poder de compra será menor do que aquele em que o empréstimo originalmente ocorreu. O incentivo, consequentemente, passa a ser o de se endividar para pagar mais tarde, em vez de poupar e investir. A inflação, portanto, diminui o padrão de vida geral ao mesmo tempo em que cria uma falsa e opaca atmosfera de "prosperidade".

Felizmente, a inflação é um processo que não pode continuar para sempre. Com o tempo, as pessoas inevitavelmente acordarão para esta forma insidiosa de tributação; elas perceberão a contínua redução do poder de compra do seu dinheiro.

No início, quando os preços sobem, as pessoas dizem: "Bem, isso não é normal; é certamente fruto de alguma emergência. Adiarei minhas compras e esperarei até os preços baixarem". Essa é a atitude comum durante a primeira fase de uma inflação. Essa postura ajuda a conter a subida dos preços e oculta os efeitos da inflação, dado que houve um aumento na demanda por dinheiro. Mas, à medida que a inflação monetária prossegue, as pessoas começam a perceber que os preços irão aumentar perpetuamente como resultado de uma inflação perpétua.

Neste momento, as pessoas passam a dizer: "Embora os preços estejam 'altos', comprarei agora porque, se esperar mais, os preços ficarão ainda mais altos". O resultado dessa postura é que a demanda por dinheiro diminui e os preços passam a crescer, em termos proporcionais, *mais* do que o aumento na oferta monetária. Neste ponto, o governo normalmente é conclamado para aliviar a 'escassez' de moeda gerada pelo crescimento acelerado dos preços e inflaciona ainda mais aceleradamente. Em pouco tempo, o país chega ao ponto de descontrole absoluto dos preços,

---

21 Nesta época em que se dá atenção extasiada para "índices do custo de vida" (o que gera, por exemplo, contratos em que os salários variam de acordo com a inflação), há um forte incentivo para se aumentar preços de uma maneira que não seja explicitada pelo indicador.

e é aí que as pessoas dizem: "Tenho de comprar qualquer coisa agora – qualquer coisa para me livrar deste dinheiro que só desvaloriza". A oferta monetária dispara, a demanda por dinheiro despenca e os preços sobem astronomicamente. A produção cai de forma dramática, pois as pessoas agora dedicam grande parte do tempo tentando descobrir formas de se livrar do seu dinheiro. O sistema monetário entra em total colapso, e a economia recorre a outras moedas, caso existam – metais ou moedas estrangeiras caso esta inflação seja em um único país; no extremo, a população tem de retornar ao escambo. O sistema monetário se desintegrou sob o impacto da inflação.

Esta situação de *hiperinflação* foi observada durante a Revolução Francesa com os *assignats*, durante a Revolução Americana com os continentais e, especialmente, durante a crise alemã de 1923 com o marco. Foi também vivenciada pela China e por outros países após a Segunda Guerra Mundial.[22] Mais recentemente, hiperinflações devastaram os principais países da América Latina.

Por fim, uma última condenação da inflação é o fato de que, sempre que o dinheiro recém-criado é utilizado para conceder empréstimos, essa inflação gera os pavorosos "ciclos econômicos". Esse processo silencioso, porém mortal, e que passou despercebido por gerações, age da seguinte maneira: o dinheiro é criado pelo sistema bancário de reservas fracionárias, que opera sob os auspícios do governo, e é emprestado para financiar empreendimentos. Para os empreendedores, esses novos fundos parecem ser investimentos genuínos; mas o problema é que esses fundos não surgiram, como os investimentos que ocorreriam sob um sistema bancário com 100% de reservas, de poupanças voluntárias.

Após esse dinheiro novo ter entrado na economia e ter sido investido por empreendedores em vários projetos, os preços e os salários começam a subir. O dinheiro novo é também utilizado para pagar os agora mais altos salários dos trabalhadores e os agora também mais caros fatores de produção. No entanto, após esse novo dinheiro ter perpassado toda a economia, as pessoas tendem a restabelecer suas antigas e voluntárias proporções de consumo/poupança. Em suma, se as pessoas desejam poupar e investir cerca de 20% de sua renda e consumir o restante, esse novo dinheiro criado pelo sistema bancário e emprestado para empreendimentos irá primeiramente fazer com que a fatia destinada à poupança pareça maior. Quando o novo dinheiro já tiver chegado a todo o público, as pessoas restabelecem a antiga proporção de 20/80, o

---

22 Sobre o exemplo alemão, ver Constantino Bresciani-Turroni, *The Economics of Inflation*, Londres, George Allen amd Unwin, 1937.

que faz com que muitos investimentos se revelem insolventes e não-lucrativos. A liquidação destes investimentos insolventes, que só se originaram por causa do *boom* inflacionário, constitui a fase da *depressão* dos ciclos econômicos.[23]

3. O MONOPÓLIO COMPULSÓRIO DA MOEDA

Para que o governo pudesse recorrer à falsificação para aumentar sua receita, várias medidas graduais tiveram de ser tomadas, medidas que, a cada etapa, se distanciavam ainda mais do livre mercado. O governo não poderia simplesmente invadir um mercado livre e plenamente operante e passar a imprimir suas próprias cédulas de papel. Caso fizesse isso de maneira abrupta e estabanada, poucas pessoas aceitariam esse dinheiro emitido pelo governo. Mesmo na época atual, várias pessoas que vivem em "países mais atrasados" simplesmente se recusam a aceitar as cédulas de papel emitidas por seus respectivos governos, e insistem em transacionar somente em ouro. A intromissão governamental na seara monetária, portanto, tem de ser bem mais sutil e gradual.

Até há poucos séculos, não havia bancos e, consequentemente, não havia como o governo fazer uso do sistema bancário de reservas fracionárias para inflacionar maciçamente, como faz hoje. O que o governo podia fazer quando somente ouro e prata circulavam?

O primeiro passo, firmemente dado por todos os governos relativamente grandes, foi o de tomar para si próprio o monopólio absoluto da *cunhagem*. Este era o meio indispensável para se controlar a oferta de moedas. A figura do rei ou do nobre era estampada nas moedas e, em seguida, propagava-se o mito de que a cunhagem era uma prerrogativa essencial para a "soberania" real ou baronial. O monopólio da cunhagem permitia ao governo oferecer quaisquer denominações de moeda que ele, e não o público, desejasse. Como resultado, a variedade de moedas no mercado foi forçosamente reduzida.

Adicionalmente, agora em posse do monopólio da cunhagem, o governo tinha três opções: ele poderia cobrar um preço alto, que fosse maior do que os custos (*senhoriagem*), um preço que cobrisse exatamente os custos (*brassagem*) ou oferecer moedas sem custos. A senhoriagem, por ser um

---

[23] Para discussões mais aprofundadas, ver Murray N. Rothbard. *A Grande Depressão Americana*, Instituto Ludwig von Mises Brasil, parte I.

preço monopolista, impunha um ônus extra à conversão de lingotes em moeda; a cunhagem gratuita, por outro lado, incentivava demasiadamente a manufatura de moedas a partir de lingotes, e forçava os pagadores de impostos a custear os serviços de cunhagem utilizados por terceiros.

Após adquirirem o monopólio da cunhagem, os governos promoveram e estimularam o uso do *nome* da unidade monetária, se esforçando ao máximo para separar o nome da moeda de sua base em massa (seu peso). Essa foi também uma medida extremamente importante, pois liberou cada governo da necessidade de aceitar e de agir de acordo com uma moeda comum para todo o mercado mundial. Em vez de usar grãos ou gramas de ouro e prata, cada estado promoveu seu próprio nome nacional de acordo com seu suposto patriotismo monetário: dólares, marcos, francos etc. A mudança possibilitou aos governos incorrer naquele que viria a ser o principal meio de falsificação da moeda: a adulteração.

4. Adulteração

A adulteração foi a prática estatal de falsificar as mesmas moedas que o estado havia banido as empresas privadas de produzir. Este banimento, é bom lembrar, se deu em nome da "vigorosa" proteção do padrão monetário. Algumas vezes, o governo cometia uma fraude simples, diluindo secretamente o ouro em uma liga metálica inferior, fabricando moedas ligeiramente mais leves. Nesta operação, a Casa da Moeda derretia e re-cunhava todas as moedas do reino, devolvendo aos súditos o mesmo número de "libras" ou "marcos", mas agora com uma massa menor. Os refugos de ouro e prata que sobravam deste processo eram fundidos em novas moedas, as quais eram embolsadas pelo rei e utilizadas para pagar suas despesas. Desta maneira, o governo continuamente manipulava e redefinia o mesmo padrão monetário que havia jurado defender. Os lucros deste processo de adulteração eram arrogantemente reivindicados pelos soberanos como sendo "senhoriagem".

A adulteração rápida e severa da liga metálica foi uma tradição da Idade Média em praticamente todos os países da Europa. Por exemplo, em 1200 DC, o *livre tournois* francês foi definido como sendo 98 gramas de prata pura; por volta de 1600 DC ele já estava sendo definido como apenas 11 gramas. Um caso notável é o do *dinar*, a moeda dos sarracenos na Espanha. O *dinar*, originalmente, consistia de 65 grãos de ouro, quando foi cunhado pela primeira vez no final do século VII. Os sarracenos eram notavelmente austeros em questões monetárias, de modo que, em meados do século XII, o dinar ainda continha 60 grãos. Foi então que os reis cristãos conquistaram a Espanha e, já no início do século XIII, o *dinar* (agora chamado *maravedí*) foi reduzido a 14 grãos. Rapidamente, a moeda de ouro se tornou leve demais para circular, de modo que o termo *maravedí* passou a ser definido como uma moeda de *prata* pesando 26 grãos de prata. Com o tempo, ela também foi diluída e, por volta de meados do século XV, o *maravedí* possuía apenas 1,5 grão de prata – e, mais uma vez, pequena demais para circular.[24]

5. A Lei de Gresham e a cunhagem

A. Bimetalismo

O governo impõe controles de preços principalmente para desviar a atenção do público. Em vez de permitir que o público perceba que a inflação é culpa exclusiva do governo, este faz de tudo para atribuir a inflação aos supostos malefícios do livre mercado.

Como já vimos, a "Lei de Gresham" – que afirma que uma moeda artificialmente sobrevalorizada tende a tirar de circulação uma moeda artificialmente subvalorizada – é um exemplo das consequências gerais do controle de preços. O governo estabelece um preço máximo para uma moeda em termos da outra moeda. Isso gera uma escassez da moeda sobre a qual o governo estipulou o preço máximo – ela está artificialmente subvalorizada e, consequentemente, será entesourada ou exportada em troca de bens – e faz com que sua circulação seja substituída pela moeda sobrevalorizada. Vimos como isso funciona também no caso de moedas novas em relação a moedas desgastadas, um dos exemplos mais antigos da Lei de Gresham.

Ao desvincular de sua massa a denominação da moeda, e ao padronizar as denominações de acordo com seus próprios interesses em vez de fazê-lo pela conveniência do público, os governos passaram a denominar as moedas novas e as antigas pelo mesmo nome, embora elas apresentassem uma massa distinta. Como resultado, as pessoas entesouraram ou exportaram as moedas de massa integral e passaram a circular apenas as moedas desgastadas. Isso fez com que os governos dirigissem vários impropérios e maldições aos "especuladores", aos

---

[24] Sobre a adulteração da liga das moedas, ver Elgin Groseclose, *Money and Man*, Nova York, Frederick Ungar, 1961, p. 57-76.

estrangeiros ou ao livre mercado em geral – e tudo por causa de uma situação causada pelo próprio governo.

Um caso particularmente importante da Lei de Gresham era o eterno problema do "padrão". Vimos que o livre mercado estabeleceu "padrões paralelos" de ouro e prata, com um metal flutuando livremente em relação ao outro de acordo com as condições de oferta e a demanda do mercado. Mas os governos decidiram que iriam ajudar o mercado intervindo para "simplificar" o assunto. As coisas ficariam muito mais claras, pensavam eles, se o ouro e a prata fossem fixados em um preço definido, digamos: vinte onças de prata para uma onça de ouro! Sendo assim, ambas as moedas póderiam circular sempre em uma razão fixa – e, muito mais importante, o governo poderia finalmente se livrar do fardo de ter de tratar o dinheiro de acordo com sua massa; finalmente seria possível ter um nome desvinculado de tudo.

Imaginemos uma unidade monetária da Ruritânia[25], o *"rur"*, definido pelos ruritânios como 1/20 de uma onça de ouro. Vimos quão vital é para o governo induzir o público a considerar o "rur" como uma unidade abstrata, apenas muito vagamente relacionada ao ouro. Não há melhor maneira de fazer isso do que estipulando um valor fixo para a relação ouro/prata. Sendo assim, um "rur" passaria a ser não somente 1/20 da onça de ouro, *mas também* uma onça de prata. O significado exato da palavra "rur" – um nome para uma medida de ouro – está agora perdido, e as pessoas começam a pensar no "rur" como algo tangível por si mesmo, algo que foi, de alguma forma, criado pelo governo para propósitos bons e eficazes sendo igual a uma determinada massa de ouro e de prata, simultaneamente.

Agora é possível perceber a importância de se abster de certas denominações patrióticas e nacionais para onças ou grãos de ouro. Tão logo estas denominações substituem unidades de medida mundialmente reconhecidas, torna-se muito mais fácil para os governos manipularem a unidade monetária e darem a ela uma aparente vida própria. A razão ouro-prata a um preço fixo, conhecida como *bimetalismo*, cumpriu essa tarefa primorosamente. No entanto, *não* cumpriu sua outra missão, que era a de simplificar a moeda corrente do país. Neste caso, novamente, a Lei de Gresham entrou em ação.

---

25 País imaginário, localizado em algum local da Europa germânica, regido por uma monarquia absolutista, com profundas divisões sociais, criado por Anthony Hope (1863-1933) nos romances *O prisioneiro de Zenda* (1894), *O coração da princesa Osra* (1896) e *Rupert de Hentzau* (1898). O país foi utilizado pela primeira vez como exemplo por Ludwig von Mises no capítulo 23 da obra *The Theory of Money and Credit* (1912), criando a unidade monetária "rur". (N. do T.)

O governo normalmente estabelece o valor da razão bimetálica (digamos, 20/1) ao preço vigente no livre mercado. Mas este valor de mercado, como os preços de mercado, inevitavelmente se altera ao longo do tempo, à medida que as condições de oferta e demanda se alteram. Na medida em que as mudanças ocorrem, o valor da razão bimetálica anteriormente fixado inevitavelmente se torna obsoleto. A mudança faz com que ou o ouro ou a prata se tornem sobrevalorizados. Ato contínuo, o ouro desaparece – é entesourado ou vai para o mercado negro ou é exportado em troca de bens – quando aumenta a oferta de prata. Tal situação faz o governo alterar o valor da razão bimetálica, o que com que o ouro volte a ser o único meio circulante na Ruritânia.

Por séculos, todos os países sofreram com os calamitosos efeitos destas súbitas alternâncias nos meios circulantes metálicos. Primeiro, o fluxo de prata aumentava e o ouro desaparecia; depois, à medida que os relativos valores de mercado se alteravam, o ouro voltava a circular e a prata desaparecia.[26]

Finalmente, após penosos séculos de distúrbios causados pelo bimetalismo, os governos decidiram escolher apenas um metal para ser o padrão monetário, geralmente o ouro. A prata foi relegada à condição de "moedinhas metálicas de pequeno valor", de pequenas denominações, as quais desconsideravam sua massa total. (A cunhagem destas moedas também foi monopolizada pelo governo, e, dado que não havia um lastro de 100% em ouro, tal medida foi mais um meio de expandir a oferta monetária). A erradicação da prata como moeda certamente prejudicou várias pessoas que preferiam usar a prata para várias transações. Há uma verdade na gritaria dos bimetalistas de que foi cometido um "crime contra a prata"; mas o crime realmente cometido foi a imposição original do bimetalismo no lugar de padrões paralelos. O bimetalismo criou uma situação extremamente difícil, a qual o governo poderia remediar de duas maneiras: ou retornando à plena liberdade monetária (padrões paralelos) ou escolhendo um dos dois metais como dinheiro corrente (padrão-ouro ou prata). A plena liberdade monetária, após todo esse tempo, passou a ser considerada absurda e quixotesca; logo, o padrão-ouro foi a escolha dos governos.

---

26 Muitas depreciações aconteceram de maneira encoberta, com governos alegando que estavam meramente fazendo com que o valor oficial da razão ouro-prata se aproximasse mais do valor de mercado.

B. Curso forçado

Como o governo conseguiu impor seu controle de preço sobre as taxas de câmbio monetárias? Por um artifício conhecido como *leis de curso forçado*. O dinheiro é utilizado tanto para o pagamento de dívidas passadas quanto para transações atuais "em espécie". Com a contabilidade das empresas agora exibindo proeminentemente o nome da moeda do país em vez de sua massa, os contratos começaram a requerer o pagamento de determinadas quantias em "dinheiro". *As leis de curso forçado* ditaram qual deveria ser este "dinheiro".

Quando o ouro e a prata adquiriram o status de "curso forçado", as pessoas consideraram tal imposição inofensiva; no entanto, elas deveriam ter percebido que um precedente perigoso havia sido criado para o controle governamental do dinheiro. Se o governo se mantivesse fiel a este dinheiro original, as leis de curso forçado seriam supérfluas e desnecessárias.[27] No entanto, uma vez aberto este precedente, o governo poderia a qualquer momento declarar como sendo de curso forçado um dinheiro de baixa qualidade em paralelo à moeda original. Igualmente, o governo poderia decretar que moedas desgastadas são tão válidas quanto moedas novas para se quitar uma dívida, ou decretar que ouro e prata são equivalentes entre si a um dado valor fixo. E foi exatamente isso o que ocorreu. Ato contínuo, as leis de curso forçado produziram os efeitos da Lei de Gresham.

Quando as leis de curso forçado consagram uma moeda sobrevalorizada, elas também geram outro efeito: favorecem os devedores à custa dos credores, pois permitem que os devedores paguem suas dívidas com uma moeda de menor qualidade do que aquela em que foi concedido o empréstimo, fazendo com que os credores sejam ludibriados e não recebam o que lhes é de direito. O confisco da propriedade dos credores, no entanto, beneficia apenas os devedores *atuais*; os *futuros* devedores arcarão com o ônus da escassez de crédito gerada pela memória dessa espoliação dos credores patrocinada pelo governo.

---

27   Lord Farrer, *Studies in Currency 1898*, Londres, Macmillan, 1898, p.43.

> A lei comum dos contratos produz tudo o que é necessário, sem lei nenhuma conferir funções especiais a determinadas formas de moeda corrente. Adotamos um soberano de ouro como nossa unidade [...] Se eu prometo pagar 100 soberanos, não é necessária nenhuma lei especial de curso forçado para dizer que devo pagar 100 soberanos e que, estando eu obrigado a pagar 100 soberanos, não posso me desfazer desta obrigação pagando com uma moeda distinta.

Sobre leis de curso forçado, ver também Ludwig von Mises, *Human Action*, Yale University Press, 1949, p.432n. e 444.

6. Resumo: o governo e a cunhagem

O monopólio compulsório da cunhagem e a legislação do curso forçado da moeda foram os pontos cruciais na sanha dos governos em obter o controle da moeda de seus países. Para reforçar tais medidas, cada governo se empenhou em abolir a circulação de todas as moedas cunhadas por governos rivais.[28] Dentro de cada país, somente a moeda de seu próprio soberano poderia ser usada agora; no comércio entre os países, barras de ouro e prata, sem nenhuma estampagem, eram utilizadas nas transações. Isso acentuou o rompimento dos laços entre as várias partes do mercado mundial, separando ainda mais um país do outro e abalando a divisão internacional do trabalho.

No entanto, a utilização de um sistema monetário sólido, baseado em moedas de ouro e prata, não cedia muito espaço para a inflação governamental. Havia limites às adulterações que os governos podiam impor à moeda, e o fato de que todos os países utilizavam ouro e prata impunha restrições definitivas ao controle de cada governo sobre seu próprio território. Os governantes ainda estavam restringidos pela disciplina imposta por uma moeda metálica internacional.

O controle governamental do dinheiro só se tornou absoluto e suas medidas de adulteração e depreciação monetárias só se tornaram incontestadas quando, nos últimos séculos, começaram a surgir os substitutos monetários. O advento do papel-moeda e dos depósitos bancários – os quais são uma dádiva econômica quando totalmente lastreados por ouro ou prata – representou o "abre-te, Sésamo" da tomada governamental do controle da moeda e, por conseguinte, de todo o sistema econômico.

---

28 O uso de moedas estrangeiras era predominante na Idade Média e nos Estados Unidos até a metade do século XIX.

7. PERMITINDO AOS BANCOS SE RECUSAREM A RESTITUIR EM ESPÉCIE

A economia moderna, a qual utiliza de maneira extremamente ampla bancos e substitutos monetários, oferece uma oportunidade irresistível para o governo firmar seu controle sobre a oferta monetária e permitir que haja uma inflação de acordo com seus próprios critérios. Vimos na seção 12 que existem três grandes limites ao poder de qualquer banco inflacionar sob um sistema bancário de livre concorrência: (1) a amplitude da clientela de cada banco; (2) a amplitude da clientela de todo o sistema bancário, isto é, a amplitude em que as pessoas utilizam substitutos monetários; e (3) a confiança dos clientes em seus respectivos bancos. Quanto menor a clientela de cada banco, e do sistema bancário como um todo, ou quanto mais abalada estiver a confiança das pessoas em relação aos bancos, mais rigorosos serão os limites sobre a inflação na economia.

Entretanto, privilégios concedidos pelo governo aos bancos, bem como o controle do sistema bancário pelo governo, atuaram para suspender estes limites.

Todos esses limites estão baseados em uma obrigação fundamental: a obrigação dos bancos de restituir seus passivos – o ouro que lhes foi confiado – sempre que demandados. Porém, como vimos, nenhum banco que opera com reserva fracionada é capaz de restituir todo o seu passivo; e vimos também que essa é a aposta que todos os bancos fazem. Em qualquer sistema baseado na propriedade privada, é essencial que as obrigações contratuais sejam cumpridas. Sendo assim, a maneira mais franca de o governo estimular a inflação é concedendo aos bancos o privilégio especial de poderem se recusar a cumprir com suas obrigações e ao mesmo tempo garantir que eles possam continuar normalmente suas operações.

Ao passo que todos os demais agentes econômicos têm de pagar suas dívidas – caso contrário, irão à falência –, aos bancos não apenas é permitido recusar a restituição dos recibos que eles próprios emitiram, como eles ainda podem continuar obrigando seus devedores a pagarem seus empréstimos na data aprazada. O nome comum para essa prática de recusa é "suspensão da restituição em espécie". Um nome mais acurado seria "licença para roubar", pois de que mais podemos chamar uma permissão governamental para continuar operando sem cumprir os contratos?

Nos Estados Unidos, a suspensão em massa da restituição em espécie durante épocas problemáticas para os bancos se tornou quase que uma tradição. Isso começou na guerra de 1812. A maioria dos bancos do país estava localizada na Nova Inglaterra, uma região contrária aos Estados Unidos entrarem em guerra. Esses bancos se recusaram a emprestar dinheiro para financiar o esforço de guerra, o que obrigou o governo a tomar empréstimos junto a bancos recém-criados em outros estados. Esses bancos recém-criados simplesmente emitiram dinheiro de papel para poder conceder os empréstimos. A inflação foi tão grande, que os pedidos de restituição inundaram estes novos bancos, especialmente pedidos vindos dos bancos da Nova Inglaterra, mais conservadores e que não inflacionavam, região onde o governo havia gasto grande parte deste dinheiro adquirindo bens para a guerra. Como resultado, houve uma maciça "suspensão" em 1814, que durou mais de dois anos (muito além do fim da guerra). Durante esse período, vários novos bancos surgiram, emitindo cédulas sem a concomitante necessidade de restituir em ouro ou prata.

Esta suspensão criou um precedente para sucessivas crises econômicas: 1819, 1837, 1857 e várias outras até o início do século XX. Como consequência dessa tradição, os bancos perceberam que não mais precisavam temer a bancarrota após uma inflação – percepção essa que, é claro, estimulou mais inflação e operações bancárias temerárias e especulativas. Aqueles autores que ressaltam os Estados Unidos do século XIX como sendo um péssimo exemplo de "sistema bancário livre" (*free banking*) são incapazes de perceber a importância deste explícito privilégio estatal que protegia os bancos e os eximia da obrigação de restituir em espécie seus recibos bancários.

Os governos e os bancos conseguiram persuadir o público a respeito da justiça de tais atos. Com efeito, qualquer um que tentasse retirar seu dinheiro do banco durante uma crise era considerado "antipatriota" e um espoliador de seus semelhantes, ao passo que os bancos eram frequentemente elogiados por patrioticamente 'socorrerem a economia' em tempos difíceis. Muitas pessoas, no entanto, estavam desgostosas com todo aquele procedimento e foi desse sentimento que surgiu o famoso movimento jacksoniano em prol de uma moeda forte, o qual floresceu antes da Guerra Civil.[29]

Não obstante seu uso nos Estados Unidos, estes privilégios periódicos concedidos aos bancos não se transformaram em uma política generalizada no mundo moderno. Era um instrumento muito rudimentar, a ser utilizado muito esporadicamente (não poderia ser permanente, já que poucas pessoas se tornariam clientes de bancos que *nunca* cumpriam com suas obrigações) – e, além disso, tal instrumento não oferecia nenhum meio de controle governamental sobre o sistema bancário.

---

29 Ver Horace White, *Money and Banking*, 4th ed., Boston, Ginn, 1911, p. 322-27.

O que os governos querem, afinal, não é simplesmente inflação, mas sim uma inflação totalmente controlada e dirigida por eles próprios. Não pode haver nenhum risco de os bancos comandarem, sozinhos, o espetáculo. Sendo assim, um método mais sutil, mais suave, mais polido e mais permanente foi planejado, implantado e vendido ao público como sendo uma conquista da própria civilização – um Banco Central.

8. O Banco Central: removendo as restrições sobre a inflação

Um Banco Central é hoje uma instituição vista como sendo da mesma classe do sistema de saneamento básico e das boas rodovias: qualquer economia que não possua um é considerada "retrógrada", "primitiva" e irremediavelmente fora da realidade. A criação de um Banco Central nos Estados Unidos – o Federal Reserve System – em 1913 foi saudada como algo que finalmente colocava o país na classe das nações "avançadas".

Os Bancos Centrais surgiram como instituições privadas. Mais tarde, como ocorreu nos Estados Unidos, eles passaram a ser uma propriedade conjunta dos bancos privados; mas eles sempre foram governados por funcionários indicados pelo governo, e sempre atuaram explicitamente como um braço do governo. Quando eles são instituições privadas – como ocorreu com o Banco da Inglaterra original ou com o *Second Bank of the United States*[30] –, a busca por lucros operacionais se junta ao desejo inflacionário normal do governo.

Um Banco Central é alçado à sua posição de comando porque o governo lhe concede o *monopólio de emissão de cédulas monetárias*. Este é o segredo quase nunca mencionado explicitamente, e que lhe garante todo o seu poder. Atualmente, os bancos privados são proibidos de emitir cédulas, pois tal privilégio é reservado ao Banco Central. Os bancos privados podem apenas receber depósitos e criar depósitos nominais via empréstimos. Caso seus clientes desejem sacar seus depósitos, convertendo-os em cédulas, os bancos têm de ir ao Banco Central para obter estas cédulas. Daí a elevada e pomposa posição do Banco Central como sendo o "banco dos banqueiros". Ele é o banco dos banqueiros porque os banqueiros são obrigados a negociar com ele. Como resultado, os depósitos bancários passaram a ser não apenas

---

30 *Segundo Banco dos Estados Unidos*, criado em 1816 e abolido em 1836, foi um precursor do Federal Reserve. [N. do T.]

em ouro, mas também em cédulas criadas pelo Banco Central. E essas novas cédulas não eram apenas meras notas de papel; elas eram um passivo do Banco Central, uma instituição envolta em toda aquela majestosa aura de quem é uma extensão do próprio governo. O governo, afinal, nomeia os funcionários do Banco Central e coordena a política do Banco de acordo outras políticas estatais. Ele coleta via impostos as cédulas criadas pelo Banco Central e as declara como sendo de curso forçado.

Como consequência dessas medidas, todos os bancos do país se tornaram clientes do Banco Central.[31] O ouro depositado nos bancos foi entregue ao Banco Central e, em troca, o público recebeu as cédulas criadas pelo Banco Central e a descontinuação do uso de moedas de ouro. As moedas de ouro foram escarnecidas pela opinião "oficial" como sendo incômodas, fora de moda e ineficientes – um "fetiche" antigo, útil talvez para serem colocadas nas meias das crianças no Natal, e somente para isso. "É muito mais seguro, mais conveniente e mais eficiente ter o ouro guardado nos poderosos cofres do Banco Central!", dizia a propaganda oficial. Inundados por essa propaganda e influenciados pela conveniência das cédulas do Banco Central e pelo endosso governamental a elas, o público foi cada vez mais deixando de usar as moedas de ouro no dia a dia. Inexoravelmente, o ouro fluiu para os cofres do Banco Central; e estando parado ali, mais "centralizadamente", ele permitia um grau muito maior de inflação dos substitutos monetários.

Nos Estados Unidos, a lei que criou o Federal Reserve obriga os bancos a manterem uma quantidade mínima de reservas em relação aos depósitos à vista; e, desde 1917, estas reservas podem ser formadas apenas por depósitos no Federal Reserve. O ouro não mais podia ser contabilizado como parte das reservas legais de um banco; ele teria de ser depositado no Federal Reserve.

Além de ter acabado com o hábito de utilizar o ouro, esse processo retirou o ouro do alcance das pessoas e o depositou sob os cuidados nem sempre tão diligentes do estado – onde ele poderia ser confiscado de maneira quase indolor. Os comerciantes internacionais ainda utilizavam barras de ouro nas transações de grande escala, mas eles eram uma fatia insignificante do eleitorado.

Um dos motivos utilizados para convencer o público a abandonar o ouro e migrar para as cédulas foi a grande *confiança* que todos tinham no

---

31 Nos Estados Unidos, os bancos foram forçados por lei a se submeter ao Federal Reserve e a manter contas (reservas) junto ao Fed. (Os "bancos estaduais" que não são membros do arranjo comandado diretamente pelo Fed têm de manter reservas em bancos que são membros).

Banco Central. Certamente, o Banco Central, em posse de quase todo o ouro do país e endossado pelo poder e prestígio do governo, não poderia cometer erros e ir à falência! E de fato é verdade que nenhum Banco Central na história do mundo jamais faliu. Mas por que não? Por causa de uma regra subentendida, mas muito clara, que diz que *não se pode deixar* que um Banco Central quebre. Se os governos já permitiam que os bancos privados suspendessem a restituição, quão mais prontamente eles permitiriam que o Banco Central – seu próprio órgão – fizesse o mesmo quando estivesse com problemas? O precedente já havia sido estabelecido na história dos Bancos Centrais quando a Inglaterra permitiu, no final do século XVIII, que o Banco da Inglaterra suspendesse suas restituições em ouro e as mantivesse suspensas por mais de vinte anos.

O Banco Central, portanto, adquiriu a confiança quase que ilimitada do público. Naquela época, o público não havia entendido que o Banco Central havia ganhado a permissão para imprimir dinheiro à vontade e permanecer imune a qualquer responsabilidade caso suas credenciais fossem questionadas. Elas viam o Banco Central como simplesmente um grande banco nacional que realizava um serviço público e que era protegido da falência por ser um braço virtual do governo.

Com o tempo, o Banco Central foi transferindo aos bancos essa mesma confiança que ele usufruía junto ao público. Mas essa era uma tarefa mais difícil. Para facilitar, o Banco Central deixou claro que sempre atuaria como um "emprestador de última instância" para os bancos – isto é, que o Banco Central estaria sempre pronto para emprestar dinheiro para qualquer banco que enfrentasse problemas, especialmente quando vários bancos estivessem com problemas de liquidez e fossem instados a quitar seus passivos.

Os governos também continuaram amparando os bancos ao desencorajar as "corridas" bancárias (ou seja, nos casos em que vários clientes suspeitam que há algo de errado com a saúde do banco e correm para sacar sua propriedade). Sempre haverá aqueles períodos em que o governo permitirá que os bancos suspendam a restituição, como ocorreu nos Estados Unidos com os "feriados" bancários compulsórios de 1933. Adicionalmente, foram também aprovadas leis que proibiam qualquer tipo de incitação pública a corridas bancárias. Na depressão americana de 1929, o governo fez campanhas contra as pessoas "egoístas" e "antipatrióticas" que estavam "entesourando" ouro.

Os Estados Unidos finalmente "resolveram" o incômodo problema das falências bancárias quando o governo adotou o Seguro Federal de Depósitos (*Federal Deposit Insurance*) em 1933. A *Federal Deposit Insurance*

Corporation possui apenas uma proporção ínfima de dinheiro "lastreando" todos os depósitos bancários que ela "garante". No entanto, o público tem a impressão (a qual pode muito bem ser verdadeira) de que o governo federal sempre estará de prontidão para imprimir uma quantidade de dinheiro suficiente para restituir todos os depósitos segurados. Como resultado, o governo conseguiu transferir para todo o sistema bancário, bem como para o Banco Central, toda a grande confiança que ele usufruía junto ao público.

Vimos que, ao criar um Banco Central, os governos ampliaram enormemente, se não aboliram por completo, dois dos três principais limites à inflação creditícia criada pelos bancos. Mas e o terceiro limite – o problema da limitação da clientela de cada banco? A remoção deste limite é uma das principais razões para a existência de um Banco Central. Em um sistema bancário livre, a inflação gerada por um determinado banco rapidamente levaria os outros bancos a exigirem a restituição deste dinheiro fictício em espécie, uma vez que a clientela deste banco é extremamente limitada. Porém, o Banco Central, ao injetar reservas em todos os bancos ao mesmo tempo, consegue garantir que todos possam expandir conjuntamente, a uma taxa uniforme. Se todos os bancos estão expandindo conjuntamente, então não há problema de restituição de banco para banco; aquele dinheiro que o Banco A criou e foi parar na conta-corrente de um cliente do Banco B é contrabalançado pelo dinheiro que os Bancos B, C, D etc. criaram e que foi parar na conta do Banco A. Assim, cada banco percebe que sua clientela é na realidade todo o país.

Em suma, os limites da expansão bancária são incomensuravelmente ampliados da clientela de cada banco para a clientela de todo o sistema bancário. (Obviamente, isso significa que nenhum banco poderá expandir além daquilo que o Banco Central desejar).

Desta forma, o governo finalmente alcançou o poder de controlar e conduzir a inflação do sistema bancário.

Além de remover os limites naturais sobre a inflação, o ato de instituir um Banco Central possui um impacto inflacionário direto. Antes do surgimento do Banco Central, os bancos mantinham suas reservas em ouro; após o surgimento, o ouro flui para o Banco Central em troca de depósitos em dinheiro feito pelo Banco Central nestes bancos, os quais formam as reservas dos bancos comerciais. Porém, o próprio Banco Central mantém somente uma fração de reserva de ouro em relação a todo o seu passivo! Por isso, a instituição de um Banco Central multiplica imensamente o potencial inflacionário do país.³²

9. O Banco Central: dirigindo a inflação

Exatamente como o Banco Central realiza sua tarefa de regular os bancos? Controlando as "reservas bancárias" – o dinheiro que os bancos possuem depositado junto ao Banco Central. Os bancos tendem a manter em caixa uma determinada proporção de reservas em relação ao total de depósitos bancários. O controle governamental sobre o setor tornou mais fácil a imposição de um percentual mínimo a ser mantido pelos bancos – chamado popularmente de compulsório.

O Banco Central, desta forma, pode estimular a inflação injetando reservas no sistema bancário. Pode também reduzir a taxa do compulsório, permitindo assim uma maior expansão creditícia dos bancos. Se os bancos são requeridos a manter um compulsório de 10% (o que significa que para cada $100.000.000 em depósitos bancários há apenas $10.000.000 em reservas bancárias; todo o resto é dinheiro puramente eletrônico, sem nenhum lastro), então qualquer valor em reservas que exceda estes 10% permitirá uma nova rodada de inflação monetária. Se houver, por exemplo, uma quantia excedente de $1.000.000 nas reservas bancárias, tal valor permitirá a criação de empréstimos (inflação monetária) no valor de $10.000.000.

Dado que os bancos lucram com a expansão de crédito, e dado que o governo os tornou quase imunes à falência, eles estarão sempre se esforçando para criar crédito até o limite máximo permitido.

O Banco Central aumenta a quantidade de reservas bancárias comprando ativos no mercado. O que acontece, por exemplo, se o Banco Central comprar um ativo (qualquer ativo) do senhor Ricardo no valor de $ 1.000? O Banco Central enviará um cheque de $1.000 para o senhor Ricardo em troca do ativo. Mas como o Banco Central não trabalha com conta-corrente de indivíduos, o senhor Ricardo pegará este cheque e

---

32   A criação do Federal Reserve aumentou em três vezes o poder inflacionário do sistema bancário dos Estados Unidos. Adicionalmente, o Federal Reserve também reduziu o valor exigido de reservas (chamado de compulsório) de todos os bancos de aproximadamente 21% dos depósitos à vista em 1913 para 10% em 1917, duplicando o potencial inflacionário – essas duas medidas combinadas geraram um potencial inflacionário seis vezes maior. Ver Chester A. Phillips, T. F. McManus e R.W. Nelson, *Banking and Business Cycle*, Nova York, Macmillan, 1937, p. 23ss.

o depositará em seu banco. O banco de Ricardo, por conseguinte, irá creditar em sua conta um depósito de $1.000 e em seguida apresentará o cheque ao Banco Central para receber a restituição deste – ou seja, o Banco Central terá de creditar $1.000 nas reservas deste banco. De onde virão estes $1.000? De lugar nenhum. O Banco Central simplesmente cria esse dinheiro do nada[33].

Esses $1.000 em reservas permitirão uma expansão múltipla do crédito bancário, especialmente se as reservas acrescentadas desta forma estiverem difundidas por vários bancos ao redor de todo o país.

Se o Banco Central compra um ativo diretamente de um banco, então o resultado é ainda mais claro; o banco tem as suas reservas imediatamente elevadas, o que cria uma base para uma expansão múltipla do crédito.

Indubitavelmente, o ativo que o Banco Central mais compra são os títulos da dívida do governo. Agindo assim, o Banco Central garante que sempre haverá liquidez para este mercado. Mais ainda: o governo garante que sempre haverá um mercado para seus próprios títulos. O governo pode facilmente inflacionar a oferta monetária ao emitir novos títulos da dívida pública: com o Banco Central deixando claro que irá sempre comprar tais títulos, o sistema bancário irá criar dinheiro para adquirir estes títulos e em seguida irá revendê-los para o Banco Central. Muitas vezes, a função do Banco Central será justamente a de sustentar o preço dos títulos da dívida pública em um determinado nível, comprando maciçamente estes títulos em posse dos bancos. Isso irá gerar um aumento substancial das reservas bancárias. E caso os bancos decidam expandir o crédito tendo por base estas reservas, o resultado será uma hiperinflação.

Além de comprar ativos, o Banco Central pode criar novas reservas bancárias de outra maneira: emprestando dinheiro aos bancos. A taxa que o Banco Central cobra dos bancos por esse serviço é a "taxa de redesconto". É claro que reservas emprestadas não são tão satisfatórias aos bancos quanto as que lhes pertencem totalmente, uma vez que estas últimas não exigem uma quitação. Empréstimos feitos pela janela de redesconto têm de ser quitados. Alterações na taxa de redesconto costumam ser muito alardeadas, mas elas certamente são de menor importância se comparadas às alterações nas quantidades de reservas bancárias e no compulsório.

Quando o Banco Central vende ativos para os bancos ou para o público, as reservas bancárias diminuem e isso gera pressão para uma contração

---

33 No mundo atual, tudo é feito pela simples criação de dígitos eletrônicos em um computador. [N. do T.]

no crédito e uma deflação da oferta monetária. Vimos, no entanto, que os governos são inerentemente inflacionários; historicamente, ações deflacionárias dos governos são insignificantes e passageiras. E há algo que sempre é esquecido: uma deflação só pode acontecer após ter havido uma inflação prévia; somente pseudo-recibos [ou dinheiro eletrônico], e não moedas de ouro, podem ser retirados da economia e liquidados.

10. A SAÍDA DO PADRÃO-OURO

A criação de um Banco Central remove os limites sobre a expansão creditícia dos bancos, e desencadeia a máquina inflacionária. No entanto, ele não remove todas as restrições. Ainda existe um problema com o próprio Banco Central. Os cidadãos podem perfeitamente fazer uma corrida ao Banco Central, mas isso é bastante improvável. Uma ameaça mais plausível é a perda de ouro para nações estrangeiras. Assim como a expansão creditícia de um banco gera a perda de ouro de suas reservas para os clientes de outros bancos não tão expansionistas, a expansão monetária de um país leva a uma perda de ouro para cidadãos de outros países.

Países que expandem sua oferta monetária mais intensamente correm o risco de sofrer perdas de ouro, com seu sistema bancário recebendo requisições para restituir em ouro todo o dinheiro que criaram. Era assim que ocorria o clássico padrão cíclico do século XIX: o Banco Central de um determinado país estimulava uma expansão do crédito bancário; os preços subiam; e quando este dinheiro recém-criado se espalhava além-fronteiras, indo para uma clientela estrangeira, estes estrangeiros tentavam continuamente restituir este dinheiro em ouro. No final, o Banco Central era obrigado a interromper essa expansão creditícia e gerar uma contração no crédito para salvar o padrão monetário.

Há, no entanto, uma maneira de evitar estas restituições estrangeiras: coordenar uma cooperação entre os Bancos Centrais. Se todos os Bancos Centrais concordarem em inflacionar aproximadamente à mesma taxa, nenhum país perderia ouro para outros, e todo o mundo poderia inflacionar conjuntamente, de maneira quase ilimitada. No entanto, dado que todos os governos são ciosos do próprio poder e suscetíveis a diferentes pressões, tal cooperação coordenada até agora vem se mostrando impossível. Um dos arranjos que mais perto chegou desse ideal foi quando o Federal Reserve concordou em gerar uma inflação doméstica na década de 1920 para auxiliar a Grã-Bretanha e evitar que ela perdesse ouro para os Estados Unidos.

Ao longo da primeira metade do século XX, os governos, em vez de deflacionar ou de limitar as próprias inflações, simplesmente optaram por "sair do padrão-ouro" quando confrontados com grandes demandas pelo metal. Tal medida, obviamente, assegurou que o Banco Central jamais irá falir, já que agora suas cédulas se tornaram a moeda padrão. Em suma, o governo finalmente se recusou de maneira franca e direta a pagar suas dívidas, e praticamente absolveu o sistema bancário desta onerosa obrigação. Pseudo-recibos de ouro foram inicialmente lançados sem lastro, e então, quando o dia do ajuste de contas se aproximou, a falência foi descaradamente abolida pela simples eliminação da restituição em ouro. A separação definitiva entre os vários nomes das moedas nacionais (dólar, libra, marco, etc.) e o ouro e a prata estava agora completa.

De início, os governos se recusaram a admitir que tal medida fosse permanente. Eles diziam que tal medida era meramente de rotina, e citavam a "suspensão dos pagamentos em espécie" que sempre ocorria no século XIX. O objetivo era fazer crer que, no final, depois que a guerra ou alguma outra "emergência" terminasse, o governo voltaria a restituir suas obrigações. Quando o Banco da Inglaterra ficou sem ouro no final do século XVIII, ele ainda continuou nesta situação por mais vinte anos, mas sempre dando a entender que a restituição em ouro voltaria assim que as guerras francesas terminassem.

Contudo, "suspensões" temporárias são meros eufemismos para calote. O padrão-ouro, afinal, não é uma torneira que pode ser aberta e fechada de acordo com os caprichos do governo. Um certificado de ouro ou é restituível em ouro ou não é; uma vez que a restituição é suspensa, o padrão-ouro se transforma em um mero escárnio.

Outra medida tomada rumo à lenta extinção do ouro como moeda foi a criação do "padrão barra-ouro". Neste sistema, o dinheiro de papel não mais era restituível em moeda de ouro; ele só poderia ser restituído em enormes e extremamente valiosas barras de ouro. Isso, com efeito, limitou a restituição em ouro a apenas um punhado de especialistas voltados para o comércio exterior. Não mais havia um genuíno padrão-ouro, mas os governos ainda assim insistiam em afirmar sua adesão ao ouro. Os "padrões-ouro" europeus da década de 1920 eram pseudopadrões deste tipo.[34]

---

34 Ver Melchior Palyi, "The Meaning of Gold Standard", *Journal of Business*, Julho de 1941, p. 299-304.

No final, os governos "saíram do ouro" de maneira oficial e irreversível, sempre vociferando insultos contra os estrangeiros e os "antipatrióticos entesouradores de ouro". O dinheiro de papel emitido pelo governo se tornou a moeda padrão, de curso forçado. Em algumas ocasiões, papéis emitidos pelo Tesouro e não pelo Banco Central foram a moeda fiduciária, especialmente antes da criação dos Bancos Centrais. Os continentais norte-americanos[35], os *"greenbacks"*[36], as cédulas dos confederados[37] do período da Guerra Civil Norte-Americana e os *assignats* franceses – todas eram moedas fiduciárias emitidas por seus respectivos Tesouros. Mas seja do Tesouro ou do Banco Central, o efeito de uma emissão de dinheiro fiduciário é o mesmo: o padrão monetário fica totalmente à mercê do governo, e os depósitos bancários são restituíveis somente em cédulas de papel emitidas pelo próprio governo.

11. A MOEDA FIDUCIÁRIA E O PROBLEMA DO OURO

Quando um país sai do padrão-ouro e vai para o padrão fiduciário, ele aumenta a quantidade de "dinheiros" existente. Além do dinheiro metálico, ouro e prata, surgem outras moedas independentes e estatais, cada qual conduzida por seu respectivo governo, o qual impõe suas regras de curso forçado.

Assim como o ouro e a prata terão uma taxa de câmbio entre si no livre mercado, também o mercado estabelecerá taxas de câmbio para as diversas moedas agora existentes. Em um mundo de moedas fiduciárias, cada moeda corrente, caso seus governos permitam, flutuará livremente em relação a todas as outras.

Vimos que, para quaisquer duas moedas, a taxa de câmbio entre elas é estabelecida de acordo com as respectivas paridades do poder de compra, sendo que tais paridades, por sua vez, são determinadas pelas respectivas ofertas e demandas das várias moedas correntes. Quando uma determinada

---

35 Papel-moeda emitido pelo Congresso Continental em 1775. (N. do T.)
36 Papel-moeda emitido durante a Guerra Civil Norte-Americana. Podiam ser de dois tipos: as *Demand Notes* (emitidas de 1861-1862) e as *United State Notes* (moeda corrente de 1862 a 1971). (N. do T.)
37 Também chamadas de *"greybacks"*, foram emitidas pela então recém-formada Confederação de Estados do Sul um pouco antes do advento da guerra. Como não tinham lastro em grandes ativos, além de moeda corrente na Confederação, funcionariam também como um título ao portador ao fim da guerra, que poderia ser restituído no valor impresso na cédula, caso o Sul saísse vitorioso e se tornasse independente. As emissões foram de 1861 a 1864. (N.do T.)

moeda deixa de funcionar tendo o ouro por base e passa a funcionar de forma puramente fiduciária, a confiança na sua estabilidade e na sua qualidade é abalada, e a demanda por ela diminui. Adicionalmente, agora que ela foi totalmente separada do ouro, sua quantidade excessivamente maior em relação ao antigo lastro em ouro se torna evidente. Com uma oferta maior do que o ouro e uma demanda menor, seu poder de compra e, consequentemente, a taxa de câmbio, rapidamente se depreciarão em relação ao ouro. E, dado que o governo é uma instituição inerentemente inflacionária, ele continuamente depreciará a moeda ao longo do tempo.

Tal depreciação é altamente constrangedora para o governo – e prejudica aqueles cidadãos que tentam importar bens. A existência de ouro na economia é um constante lembrete da péssima qualidade do dinheiro de papel fornecido pelo governo e sempre representa uma ameaça de que, a qualquer momento, ele pode vir a substituir o papel como dinheiro do país. Mesmo com o governo fornecendo todo o suporte para o dinheiro fiduciário, com seu prestígio e suas leis de curso forçado, moedas de ouro nas mãos do público sempre representam uma permanente ameaça e reprovação ao poder governamental sobre o dinheiro da nação.

Na primeira depressão americana, de 1819 a 1821, quatro estados (Tennessee, Kentucky, Illinois e Missouri) instituíram bancos estatais, que emitiam papel-moeda fiduciário. Esse dinheiro contava com disposições estaduais que garantiam seu curso forçado nestes estados; contava também, em algumas ocasiões, com proibições legais contra a depreciação das cédulas. Mesmo assim, todos esses experimentos, nascidos com grandes esperanças, prontamente fracassaram, dado que o dinheiro de papel rapidamente se depreciava até chegar a um valor irrisório. Os projetos tiveram de ser prontamente abandonados. Posteriormente, os *"greenbacks"* circularam como papel fiduciário no norte do país durante e após a Guerra Civil. Todavia, na Califórnia, as pessoas se recusaram a aceitar os *"greenbacks"* e continuaram a utilizar o ouro como moeda. Como explicou um eminente economista:

> Na Califórnia, assim como em outros estados, o papel-moeda era de curso forçado e recebível para dívidas públicas; não havia nenhuma desconfiança ou hostilidade em relação ao governo federal. Mas havia um sentimento forte [...] favorável ao ouro e contra o papel-moeda [...] Cada devedor possuía o direito, dado por lei, de pagar suas dívidas em papel depreciado. Mas, se o fizesse, ele estaria marcado (o credor provavelmente publicaria seu nome nos jornais) e seria praticamente boicotado. Durante todo esse período, o dinheiro de papel não foi utilizado na Califórnia. O povo do estado efetuava

suas transações em ouro, enquanto todo o restante dos Estados Unidos utilizava o papel-moeda conversível.[38]

Ficou claro para os governos que eles não podiam se dar ao luxo de permitir que as pessoas portassem e utilizassem ouro. O governo jamais seria capaz de consolidar seu poder sobre a moeda-corrente do país se o povo, quando necessário, pudesse repudiar a moeda fiduciária e voltar para o ouro como seu dinheiro. Previsivelmente, os governos proibiram seus cidadãos de ter ouro. Nos Estados Unidos, o ouro, a não ser em quantias insignificantes para propósitos industriais ou ornamentais, foi nacionalizado. Pedir a devolução desta propriedade confiscada é, hoje, uma atitude considerada irremediavelmente retrógrada e antiquada.[39]

12. A MOEDA FIDUCIÁRIA E A LEI DE GRESHAM

Com a instituição do papel-moeda fiduciário e de curso forçado e com a proibição do ouro, o caminho estava sedimentado para uma inflação em grande escala conduzida pelo governo. Restou apenas uma única restrição: a ameaça de uma hiperinflação e a consequente destruição da moeda.

A hiperinflação ocorre quando o público percebe que o governo está determinado a continuar inflacionando – quase sempre para financiar seus próprios gastos – e decide se esquivar do imposto inflacionário gastando o mais rapidamente possível seu dinheiro, enquanto ele ainda possui algum valor. Entretanto, enquanto a hiperinflação não ocorre, o governo pode continuar gerenciando a moeda e a inflação sem maiores problemas.

Todavia, surgem novas dificuldades. Como sempre, a intervenção governamental para sanar um problema acaba gerando uma série de outros novos e inesperados problemas. Em um mundo de moedas fiduciárias, em que cada país possui seu próprio dinheiro, a divisão internacional do trabalho é gravemente afetada, e os países, que antes estavam unidos pela mesma moeda metálica, agora se fragmentam em unidades autárquicas. A

---

38 Frank W. Taussig, *Principles of Economics*, 2nd. Ed., Nova York, Macmillan, 1916, vol.I, p. 312. Ver também J. K. Upton, *Money in Politics*, 2nd. Ed. Boston, Lothrop Publishing, 1895, p. 69 ss.
39 Para uma análise incisiva dos passos dados pelo governo norte-americano para confiscar o ouro das pessoas e sair do padrão-ouro em 1933, ver Garet Garrett, *The People's Pottage*, Idaho, Caxton Printers, 1953, p. 15-41.

ausência de uma certeza monetária afeta ainda mais o comércio. O padrão de vida de cada país fica aquém do potencial. Cada país possui taxas de câmbio que flutuam em relação a todas as outras moedas. Um país que inflacione muito mais do que os outros agora não mais tem de temer uma perda de ouro. Mas ele sofrerá outras consequências desagradáveis: a taxa de câmbio de sua moeda cairá em relação às moedas estrangeiras. Isso não apenas será constrangedor, como também será perturbador para seus cidadãos, que temerão uma desvalorização contínua. Tal inflacionismo também aumenta enormemente o preço dos bens importados, o que afetará bastante aqueles países cuja economia depende do comércio internacional.

Exatamente por isso, a tendência é que os governos cada vez mais adotem políticas conjuntas visando à abolição, ou a limitação máxima, das taxas de câmbio flutuantes. Taxas de câmbio fixadas arbitrariamente em relação a outras moedas já foram tentadas. A Lei de Gresham nos informa exatamente qual será o resultado de qualquer controle de preço arbitrário desse tipo. Qualquer que seja a taxa adotada, não será a do livre mercado, já que esta só pode ser determinada no dia a dia do mercado. Consequentemente, uma moeda sempre estará artificialmente sobrevalorizada e a outra, subvalorizada.

Historicamente, e também ao longo do século XX, os governos sempre optaram por sobrevalorizar deliberadamente suas moedas – por razões de prestígio, e também por causa das consequências inerentes. Quando uma moeda é sobrevalorizada por decreto, as pessoas correm para trocá-la pela moeda subvalorizada, cujo preço, obviamente, está artificialmente baixo. Isso gera um excedente da moeda que está sobrevalorizada e uma escassez da moeda que está subvalorizada. A taxa de câmbio, em suma, não tem a liberdade de se mover em direção a um valor que equilibre este mercado de câmbio. Ao longo do século XX, as moedas estrangeiras geralmente foram artificialmente sobrevalorizadas em relação ao dólar. O resultado foi o famoso fenômeno da "escassez de dólares" – outro exemplo prático da Lei de Gresham –, o que levou estes países a clamar por auxílio dos Estados Unidos para contornar este "problema".

No presente, o mundo está mergulhado em uma caótica rede de controles cambiais, blocos monetários, restrições à conversibilidade e múltiplas taxas de câmbio. Em alguns países, um "mercado negro" para o câmbio de moedas é legalmente estimulado para que a taxa de câmbio verdadeira possa ser determinada, e várias taxas discriminatórias são estipuladas para diferentes tipos de transações.

Já está claro que o sonho dos inflacionistas é algum tipo de papel-moeda mundial, manipulado por um governo e por um Banco Central mundiais, inflacionando a oferta monetária de todos os países a uma taxa comum. No entanto, este é um sonho mais distante, para um futuro muito indefinido; ainda estamos longe de um governo mundial, e os problemas das moedas nacionais têm sido variados e conflitantes demais para permitirem que tudo seja mesclado em uma única unidade monetária. Contudo, o mundo tem se movido a passos firmes para essa direção. O Fundo Monetário Internacional, por exemplo, é uma instituição basicamente criada para estimular, em termos gerais, controles de câmbio e de capital. O FMI requer que cada país membro contribua com o dinheiro de seus pagadores de impostos para um fundo destinado a socorrer governos que estejam com déficits em seus balanços de pagamento e que necessitem de dólares para manipular suas taxas de câmbio.

13. O GOVERNO E O DINHEIRO

Muitas pessoas acreditam que o livre mercado, apesar de algumas admitidas vantagens, é um retrato da desordem e do caos. Nada é "planejado", tudo é fortuito. Já os ditames governamentais, por outro lado, parecem ser simples e ordeiros; decretos e leis podem ser criados, aprovados, impingidos e obedecidos. Em nenhuma área da economia esse mito é mais predominante do que no campo monetário. Para estas pessoas, é inquestionável que pelo menos o dinheiro tem de estar submetido a um estrito e severo controle governamental.

Mas o dinheiro é o sangue de toda a economia; ele é o meio que possibilita todas as transações. Se o governo passa a controlar o dinheiro, então ele já capturou um posto de comando vital sobre toda a economia, e assegurou um trampolim para o pleno socialismo.

Vimos também que um livre mercado monetário, contrariamente às pressuposições comuns, não seria caótico, e que, com efeito, poderia ser um modelo de ordem e eficiência.

E o que aprendemos a respeito do governo e do dinheiro? Aprendemos que, ao longo dos séculos, os governos foram contínua e crescentemente se intrometendo no livre mercado até finalmente tomarem o total controle do sistema monetário. Vimos que cada novo controle criado, muitas vezes aparentemente inócuo, dava ensejo a novos e mais profundos controles. Vimos que os governos são inerentemente inflacionários, uma vez que a inflação é um mecanismo tentador para se adquirir receitas para o estado e para seus grupos de interesse favoritos. A captura lenta, porém decisiva, das rédeas monetárias foi, portanto, utilizada para (a) inflacionar a economia a um ritmo estipulado pelo governo, e (b) criar uma tendência mais socialista para toda a economia.

Adicionalmente, a intromissão do governo no âmbito monetário não apenas trouxe ao mundo uma tirania nunca antes vista, como também gerou o caos em vez da ordem. Essa intromissão fragmentou destrutivamente o pacífico e produtivo mercado mundial, fazendo com que o comércio e os investimentos fossem tolhidos e obstruídos por uma miríade de restrições, controles, taxas de câmbio artificiais, colapsos monetários etc. A intromissão ajudou a produzir guerras ao transformar um mundo de relações pacíficas em uma selva de blocos monetários em constantes desavenças e guerras cambiais, o que estimulou o protecionismo e dificultou o comércio mundial.

Em suma, descobrimos que a coerção, tanto no âmbito monetário quanto em outras áreas, produz não a ordem, mas sim o conflito e o caos.

Capítulo IV
O Colapso Monetário do Ocidente

Desde que o Ocidente abandonou o padrão-ouro clássico (em que as transações eram feitas em moedas de ouro ou em certificados lastreados 100% em ouro) em 1914, o sistema monetário internacional vem oscilando entre um sistema ruim e outro pior. Os países adotam câmbios fixos e logo depois se arrependem e retornam para o câmbio flutuante. Alguns fazem o movimento inverso. Outros preferem um sistema amorfo, onde ambos os esquemas são mantidos simultaneamente. Logo depois abortam essa política e retornam para uma das duas acima.

Cada novo sistema, cada mudança básica, é saudado extravagantemente por economistas, banqueiros, políticos, imprensa e bancos centrais como a derradeira e permanente solução para nossas persistentes aflições monetárias. E então, após alguns anos, o inevitável colapso ocorre, e todo o *establishment* em desespero se apressa para criar mais uma nova engenhoca, mais uma maravilhosa panaceia monetária que supostamente devemos admirar e louvar. Tais artimanhas serão uma constante enquanto o sistema de papel-moeda sem lastro for mantido. Só haverá pressão para uma mudança quando todas as transformações monetárias por que passamos for entendida – o que permitirá entender por que o atual sistema é instável.

Para entender o atual caos monetário, é imprescindível fazer um relato sucinto dos principais acontecimentos monetários internacionais do século XX, e ver como cada intervenção foi levando a outras intervenções ainda mais intensas, até que o atual sistema monetário, o mais instável de todos, fosse adotado.

1. Fase I:

O padrão-ouro clássico, 1815-1914

Podemos olhar para o padrão-ouro "clássico" – em vigor no mundo ocidental do século XIX e início do século XX – como sendo literal e metaforicamente a Era Dourada. Com a exceção do incômodo problema da prata – quando os governos resolveram instituir por um tempo o bimetalismo, fixando o câmbio entre o ouro e a prata –, o mundo se manteve no padrão-ouro, o que significa que cada moeda nacional (o dólar, a libra, o franco etc.) era meramente um *nome* para um determinado *peso* de ouro. O dólar, por exemplo, foi definido como sendo 1/20 de uma onça de ouro, a libra esterlina como um pouco menos de 1/4 (exatamente 0,2435) de uma onça de ouro, e assim por diante. Isso significa que as "taxas de câmbio" entre as várias moedas nacionais eram fixas – não porque elas eram arbitrariamente controladas pelos governos, mas pelo mesmo motivo pelo qual uma libra é definida como sendo igual a dezesseis onças.

Ou seja: os vários nomes das moedas eram meras *definições de unidades de peso*. As pessoas hoje gostam de dizer que naquela época o "preço do ouro" estava "fixado em 20 dólares a onça de ouro". Uma concepção errada. O dólar foi *definido* como sendo o *nome dado* a 1/20 de uma onça de ouro. Portanto, era errado falar sobre "taxas de câmbio" entre as moedas de dois países. A "libra esterlina" na realidade não era "cambiada" por cinco "dólares". Cinco dólares e uma libra esterlina eram simplesmente o mesmo que 5/20 de uma onça de ouro.

Esse padrão-ouro internacional fez com que os benefícios de se ter um meio de troca comum fosse estendido para todo o mundo. Uma das razões para o crescimento e a prosperidade mundial daquela época foi o fato de os países terem podido desfrutar de um meio de troca que era comum a todos eles. O fato de os Estados Unidos, por exemplo, terem utilizado um único padrão-ouro (ou um único padrão-dólar, era a mesma coisa) em todo o seu território evitou o caos que haveria caso cada cidade e condado emitissem seu próprio dinheiro, que então iria flutuar em relação aos outros dinheiros de todas as outras cidades e condados. O século XIX vivenciou os benefícios de se ter uma única moeda para todo o mundo civilizado. Uma moeda única facilitava a liberdade de comércio, de investimento e de viagem por toda uma área monetária e comercial, com o consequente aumento da especialização e da divisão internacional do trabalho.

Deve-se enfatizar que o ouro não foi escolhido arbitrariamente pelos governos para ser o padrão monetário. No decorrer dos séculos, o ouro foi escolhido naturalmente pelo livre mercado como sendo o melhor meio de troca, a mercadoria que oferecia a mais estável e desejável característica monetária. Acima de tudo, a oferta e o suprimento de ouro estavam sujeitos apenas às forças de mercado, e não às arbitrárias impressoras do governo.

O padrão-ouro internacional fornecia um mecanismo de mercado que obstruía automaticamente o potencial inflacionário do governo. Também fornecia um mecanismo automático que mantinha os balanços de pagamentos de cada país em equilíbrio. Como o filósofo e economista David Hume mostrou em meados do século XVIII, se uma nação – por exemplo, a França – inflacionar sua oferta de francos (imprimindo francos sem o equivalente lastro em ouro), os preços de suas mercadorias subirão; o aumento inicial da renda decorrente do maior número de francos em circulação irá estimular as importações, que também serão estimuladas pelo fato de os preços das importações agora estarem menores do que os preços internos. Ao mesmo tempo, os preços domésticos mais altos desestimulam as exportações.

O resultado será um déficit no balanço de pagamentos, que será pago à medida que os estrangeiros forem trocando seus francos pelo ouro em posse dos bancos franceses. Essa saída de ouro do país significa que a França terá de contrair sua inflacionada oferta monetária (francos de papel impressos sem lastro em ouro) para evitar uma perda de todo o seu ouro. Se essa inflação ocorreu na forma de depósitos bancários (sendo que os bancos praticaram reservas fracionárias), então os bancos franceses terão de contrair seus empréstimos e depósitos a fim de evitar a falência, uma vez que os estrangeiros estão demandando que os bancos franceses restituam em ouro seus depósitos. Essa contração irá diminuir os preços domésticos, o que aumentará as exportações e, consequentemente, reverterá a fuga de ouro, até que o nível de preços internos volte ao nível anterior em relação ao resto do mundo.

É verdade que as intervenções governamentais enfraqueciam a velocidade desse mecanismo de mercado e geravam ciclos econômicos de inflação e recessão dentro dessa estrutura de padrão-ouro. Essas intervenções eram particularmente as seguintes: a monopolização governamental dos serviços de cunhagem, leis que determinavam a circulação forçada de algumas moedas, a criação de papel-moeda, e o desenvolvimento de um setor bancário inerentemente inflacionário, estimulado por todos os governos. Mas embora essas intervenções tenham freado o processo de ajuste de mercado, esses ajustes ainda exercem o controle final da situação.

Portanto, embora o padrão-ouro clássico do século XIX não tenha sido perfeito, e tenha permitido alguns ciclos econômicos relativamente modestos, foi ele quem nos propiciou, de longe, a melhor ordem monetária que o mundo já vivenciou, uma ordem que funcionava, que impedia que os ciclos econômicos saíssem de controle, e que permitiu o desenvolvimento do livre comércio e do investimento.

2. Fase II:

A Primeira Guerra Mundial e depois

Se o padrão-ouro clássico funcionava tão bem, por que ele acabou? Ele acabou porque confiaram aos governos a tarefa de manter suas promessas monetárias, de garantir que libras, dólares, francos etc., seriam sempre restituíveis em ouro, como eles e o sistema bancário por eles controlados haviam prometido. Não foi o ouro que fracassou; foi a insensatez de se acreditar que os governos manteriam suas promessas. Para financiar a catastrófica Primeira Guerra Mundial, cada governo teve de inflacionar sua própria oferta de papel-moeda e de moeda escritural (moeda criada via depósitos bancários). Tão grave foi essa inflação, que se tornou impossível os governos beligerantes manterem suas promessas; e então eles "saíram do padrão-ouro" – isto é, declararam sua própria insolvência – logo após entrarem na guerra.

A exceção foram os Estados Unidos, que entraram na guerra mais tarde e que, por isso, não inflacionaram a oferta de dólares o suficiente para colocar em risco a sua capacidade de restituí-los em ouro. Porém, à exceção dos Estados Unidos, o mundo sofreu com aquilo que alguns economistas atuais idolatram: taxas de câmbio flutuantes que eram continuamente desvalorizadas para estimular exportações (a isso hoje se dá o nome de "flutuação suja"), retaliações entre diferentes blocos comerciais, controle de capitais, tarifas e quotas de importação, e o colapso do comércio internacional e do investimento. Libras, francos, marcos etc., todos inflacionados, se depreciaram em relação ao ouro e ao dólar. O caos monetário era pleno ao redor do mundo.

Mas, durante aqueles dias, felizmente eram poucos os economistas que saudavam esta situação como sendo o ideal monetário. Era uma espécie de consenso geral que a Fase II já era o limiar do desastre internacional – o que fez com que os políticos e economistas se pusessem a buscar formas de restaurar a estabilidade e a liberdade do padrão-ouro clássico.

3. Fase III:

O padrão ouro-câmbio

(Grã-Bretanha e Estados Unidos) 1926-1931

Como retornar à Era Dourada? A medida mais sensata teria sido reconhecer a realidade – isto é, que a libra, o franco, o marco etc., estavam depreciados – e retornar ao padrão-ouro a uma nova taxa: uma taxa que levasse em conta a atual oferta monetária e o nível de preços. A libra esterlina, por exemplo, havia sido tradicionalmente definida a um peso que era igual a US$4,86. Porém, ao final da Primeira Guerra Mundial, a inflação na Grã-Bretanha havia derrubado a libra para aproximadamente US$3,50 no livre mercado de câmbio. Outras moedas foram igualmente depreciadas. A política mais sensata para a Grã-Bretanha teria sido retornar ao ouro a uma taxa de aproximadamente US$3,50 – o mesmo procedimento sendo válido para todos os outros países que também haviam inflacionado suas moedas. A Fase I poderia ter sido rápida e harmoniosamente restaurada.

Em vez disso, a Grã-Bretanha tomou a fatídica decisão de retornar ao ouro em sua antiga paridade de US$4,86. Ela assim procedeu por motivos de "prestígio" nacional e também por uma vã tentativa de restabelecer Londres como o centro financeiro de moeda forte do mundo. Para ter sucesso nesta loucura heroica, a Grã-Bretanha teria de ter deflacionado severamente sua oferta monetária e o nível de preços de seus produtos, pois com a libra a US$4,86 os preços das exportações britânicas eram muito altos para serem competitivos nos mercados mundiais. Mas a deflação era politicamente inviável porque o poder dos sindicatos, escorados por um sistema nacional de seguro-desemprego, havia levado a uma total rigidez salarial, impedindo que os mesmos fossem reduzidos. E, para deflacionar, o governo britânico teria de reverter o crescimento de seu estado assistencialista.

Ademais, a realidade é que a Grã-Bretanha queria continuar inflacionando sua moeda e os preços. Como resultado da combinação entre inflação e um retorno a uma paridade sobrevalorizada, as exportações britânicas ficaram deprimidas durante toda a década de 1920 e o desemprego permaneceu alto durante todo esse período, justamente quando grande parte do mundo vivenciava uma grande expansão econômica.

Como os britânicos seriam capazes de obter o melhor dos dois mundos simultaneamente? Simples: estabelecendo uma nova ordem monetária internacional que iria induzir ou coagir os outros governos a inflacionar ou a voltar ao ouro a uma paridade sobrevalorizada na moeda deles, o que faria com que as próprias exportações deles ficassem prejudicadas e, ao mesmo tempo, subsidiaria as importações britânicas. E foi exatamente isso que a Grã-Bretanha fez. Na Conferência de Gênova, 1922, ela criou uma nova ordem monetária internacional: o padrão ouro-câmbio.

O padrão ouro-câmbio funcionou da seguinte forma: os Estados Unidos permaneceram no padrão-ouro clássico, restituindo dólares em ouro. Já a Grã-Bretanha e os outros países do Ocidente retornaram a um pseudo padrão-ouro; a Grã-Bretanha em 1926 e os outros países por volta dessa mesma época. Libras esterlinas e outras moedas não eram restituíveis em moedas de ouro, mas somente em grandes barras, adequadas apenas para transações internacionais. Isso impediu que os cidadãos comuns da Grã-Bretanha e de outros países europeus utilizassem ouro em sua dia a dia, o que permitiu um grau maior de inflação do papel-moeda e da moeda bancária (moeda escritural).

Mas, além disso, a Grã-Bretanha restituía libras não apenas em ouro, mas também em dólares, ao passo que os outros países restituíam suas moedas não em ouro, mas em libras. E a maioria desses países foi induzida pela Grã-Bretanha a retornar ao ouro a uma paridade sobrevalorizada. O resultado foi que os Estados Unidos criaram uma "pirâmide invertida" de dólares sobre o ouro (a pirâmide é invertida porque na base está o ouro e no corpo estão os dólares), a Grã-Bretanha piramidou suas libras sobre dólares e todas as outras moedas europeias piramidaram sobre libras – esse era o "padrão ouro-câmbio", com o dólar e a libra sendo as duas "moedas-chave".

Sendo assim, quando a Grã-Bretanha inflacionou e, por conseguinte, sofreu um déficit em seu balanço de pagamentos, o mecanismo do padrão-ouro não funcionou de modo a restringir rapidamente essa inflação britânica. Por quê? O que ocorreu foi que, em vez de os outros países restituírem suas libras em ouro, eles mantiveram as libras e inflacionaram suas moedas em cima dessas libras (eles piramidaram suas moedas sobre as reservas de libras). E foi assim que a Grã-Bretanha e a Europa puderam inflacionar sem restrições, e os déficits britânicos puderam se acumular sem serem tolhidos pela disciplina de mercado imposta pelo padrão-ouro. Quanto aos Estados Unidos, a Grã-Bretanha conseguiu induzi-los a inflacionar seus dólares de maneira que ela, a Grã-Bretanha, não perdesse muitas reservas de dólares ou de ouro para os Estados Unidos.

O ponto central do padrão ouro-câmbio é que ele não é sustentável; uma hora as contas terão de ser pagas, e isso ocorrerá como uma desastrosa reação ao prolongado período de expansão inflacionária. À medida que as libras foram se acumulando na França, nos Estados Unidos e em todos os outros países, a mínima perda de confiança nessa rudimentar e crescentemente instável estrutura inflacionária inevitavelmente levaria ao colapso. E foi exatamente o que aconteceu em 1931. Os bancos inflacionados da Europa quebraram; e quando a França tentou restituir suas reservas de libras esterlinas em ouro, a Grã-Bretanha foi obrigada a abandonar o padrão-ouro completamente. Outros países da Europa prontamente seguiram a Grã-Bretanha.

4. Fase IV:

Papéis-moedas flutuantes, 1931-1945

O mundo agora havia retornado ao caos monetário da Primeira Guerra Mundial, exceto que agora as esperanças de um retorno ao ouro eram mínimas. A ordem econômica internacional havia se desintegrado em caóticas taxas de câmbio flutuantes (flutuação suja e limpa), desvalorizações artificiais, controles de câmbio e barreiras comerciais; havia uma guerra econômica e monetária entre moedas e blocos monetários. O comércio internacional e os investimentos praticamente foram paralisados; e o comércio passou a ser conduzido através de acordos de escambo entre governos concorrentes e em conflito entre si. O secretário de estado americano Cordell Hull disse em seu livro de memórias que esses conflitos econômicos e monetários dos anos 1930 foram a principal causa da Segunda Guerra Mundial.[40]

Os Estados Unidos permaneceram no padrão-ouro por dois anos, até que em 1933-34 o país abandonou-o em uma vã tentativa de sair da depressão. Os cidadãos americanos não mais podiam restituir seus dólares em ouro e foram até mesmo proibidos de possuir qualquer quantidade de ouro, no país e no exterior. Mas, ainda assim, os Estados Unidos permaneceram, após 1934, em uma nova e peculiar forma de padrão-ouro, na qual o dólar, agora redefinido como sendo igual a 1/35 de uma onça de ouro, era restituível em ouro apenas para governos e bancos centrais estrangeiros. Portanto, um pequeno elo com o ouro foi mantido. Ademais, o caos monetário na Europa fez com que o ouro fluísse para o único refúgio monetário relativamente seguro: os Estados Unidos.

O caos e a desenfreada guerra econômica dos anos 1930 mostram uma importante lição: o grave defeito *político* (fora os problemas econômicos)

---

40 Cordell Hull, *Memoirs* (New York, 1948) I, 81. Ver também Richard N. Gardner, *Sterling-Dollar Conspiracy* (Oxford: Clarendon Press, 1956) p. 141.

do esquema monetário – defendido por Milton Friedman e a Escola de Chicago – em que papéis-moedas flutuam livremente entre si. Pois o que os friedmanianos defendem – "em nome do livre mercado" – é cortar completamente todos os elos com o ouro e entregar o total controle de cada moeda nacional às mãos de seus respectivos governos centrais, que emitiriam papel-moeda de curso forçado. Feito isso, os friedmanianos recomendam candidamente que cada governo permita que sua moeda flutue livremente em relação a todas as outras moedas fiduciárias, bem como se abstenham de inflacionar sua moeda exorbitantemente.

A grave falha política nessa ideia é dar total controle sobre a oferta monetária ao estado e então apenas ficar na esperança de que ele irá abster-se de utilizar esse poder. Mas considerando-se que o poder – qualquer poder – sempre tende a ser utilizado, inclusive o poder de falsificar legalmente (imprimir dinheiro sem lastro nada mais é do que um ato de falsificação), tanto a ingenuidade como a natureza estatista desse tipo de política já deveriam estar perfeitamente evidentes. Foi assim, então, que a desastrosa experiência da Fase IV – o mundo dos anos 1930, feito de papéis-moedas e guerras econômicas – levou as autoridades americanas a adotar como sendo seu grande objetivo na Segunda Guerra a restauração de uma ordem monetária internacional viável, uma ordem sobre a qual pudessem ser reconstruídos o comércio mundial e os frutos da divisão internacional do trabalho.

5. Fase V:

Bretton Woods e o novo padrão ouro-câmbio americano, 1945-1968

A nova ordem monetária internacional foi concebida e implantada pelos Estados Unidos em uma conferência monetária internacional em Bretton Woods, New Hampshire, em meados de 1944, e ratificado pelo congresso americano em julho de 1945. Embora o sistema de Bretton Woods tenha funcionado muito melhor do que o desastre da década de 1930, ele foi apenas uma renovação do padrão ouro-câmbio da década de 1920. E como na década de 1920, ele se manteve apenas por algum tempo.

O novo sistema era essencialmente o padrão ouro-câmbio da década de 1920, mas com o dólar substituindo a libra esterlina rudemente como uma das "moedas-chave". Agora o dólar, avaliado a 1/35 de uma onça de ouro, havia se tornado *a única* moeda-chave. A outra diferença em relação aos anos 1920 era que o dólar agora não mais podia ser restituído em ouro pelos cidadãos americanos; em vez disso, o sistema da década de

1930 foi mantido, com o dólar sendo restituível em ouro *somente* para governos estrangeiros e seus bancos centrais. Nenhum indivíduo americano podia trocar dólares pela moeda mundial, o ouro. Apenas os governos tinham esse privilégio.

No sistema de Bretton Woods, os Estados Unidos piramidavam dólares (em papel-moeda e em depósitos bancários) sobre sua reserva de ouro, sendo que os dólares poderiam ser restituídos por governos estrangeiros; ao mesmo tempo, todos os outros governos mantinham dólares como sua reserva básica e piramidavam suas moedas sobre esses dólares. E como os Estados Unidos entraram no pós-guerra com um enorme estoque de ouro (aproximadamente US$25 bilhões), havia muito espaço para piramidar cédulas e depósitos bancários sobre esse estoque. Além disso, o sistema pôde "funcionar" por um tempo porque todas as demais moedas mundiais adotaram esse novo sistema utilizando paridades anteriores à Segunda Guerra, as quais estavam fortemente sobrevalorizadas em termos de suas inflacionadas e desvalorizadas moedas. A inflacionada libra esterlina, por exemplo, retornou ao seu valor de US$4,86, ainda que ela valesse bem menos que isso em termos de seu real poder de compra no mercado.

Dado que, em 1945, o dólar estava artificialmente subvalorizado e a maioria das outras moedas estava sobrevalorizada, o dólar tornou-se escasso, e o mundo sofreu um "desabastecimento de dólares" – o qual o contribuinte americano foi obrigado a sanar por meio de várias doações externas sob o manto de ajuda internacional. Ou seja, o superávit da balança comercial dos Estados Unidos – possibilitado pelo dólar artificialmente desvalorizado – era parcialmente financiado pelo infeliz cidadão americano que, por meio de seus impostos, era obrigado a mandar dólares pra fora do país no formato de ajuda internacional.

Havendo muita margem para inflacionar antes que a conta fosse apresentada, o governo dos Estados Unidos embarcou em sua política de contínua expansão monetária, uma política que foi jubilosamente seguida desde então. Já no início dos anos 1950, a constante inflação americana começou a alterar a situação do comércio internacional. Pois ao passo que os Estados Unidos estavam inflacionando e expandindo a moeda e o crédito, os principais governos europeus, muitos deles influenciados por conselheiros monetários "austríacos", estavam adotando políticas monetárias relativamente "sólidas" (por exemplo, a Alemanha Ocidental, a Suíça, a França e Itália). Uma fuga de dólares obrigou a inflacionista Grã-Bretanha a desvalorizar a libra para níveis mais realistas (por um tempo, a libra passou a valer aproximadamente US$2,40). Tudo isso, em conjunto com a crescente produtividade da Europa, e mais tarde do Japão, levou a contínuos déficits no balanço de pagamentos dos Estados Unidos.

Ao longo dos anos 1950 e 1960, os Estados Unidos foram se tornando cada vez mais inflacionistas, tanto em termos absolutos quanto também em relação ao Japão e à Europa Ocidental. Mas a restrição que o padrão-ouro clássico impunha à inflação – principalmente à *inflação americana* – não mais existia. Pois as regras de Bretton Woods determinavam que os países da Europa Ocidental tinham de continuar acumulando dólares como reservas, e até mesmo utilizar esses dólares como base para inflacionar suas próprias moedas e com isso aumentar a oferta de crédito.

Mas com o passar do tempo, os países da Europa Ocidental (e o Japão), que haviam adotado uma política monetária mais sólida, foram se revoltando contra essa obrigação de ter de acumular dólares que, por causa de sua contínua inflação e do câmbio fixo, estavam cada vez mais sobrevalorizados. À medida que o poder de compra do dólar – isto é, seu real valor – ia caindo, eles iam se tornando cada vez menos desejados pelos governos estrangeiros. Mas esses governos estavam presos a um sistema que era um pesadelo sem fim. A reação americana às reclamações europeias, lideradas pela França e pelo principal conselheiro monetário de Charles De Gaulle, o economista defensor do padrão-ouro clássico Jacques Rueff, foi de escárnio e repúdio. Políticos e economistas americanos simplesmente declararam que a Europa era *obrigada* a utilizar o dólar como moeda, que eles não podiam fazer nada em relação aos problemas crescentes daquele continente e que, portanto, os Estados Unidos poderiam sim continuar inflacionando displicentemente ao mesmo tempo em que adotavam uma política de "negligência salutar" em relação às consequências monetárias internacionais de suas próprias ações.

Mas a Europa ainda tinha a opção legal de restituir seus dólares em ouro ao valor de US$35 a onça. E à medida que o dólar ia se tornando cada vez mais sobrevalorizado em termos das fortes moedas européias e também do ouro, os governos europeus exerciam essa opção com frequência cada vez maior. Desse modo, a disciplina imposta pelo padrão-ouro voltou à cena; e assim começou uma contínua fuga de ouro dos Estados Unidos, que durou duas décadas desde o início dos anos 1950, o que fez com que o estoque de ouro americano encolhesse mais de 50% nesse período (saindo de mais de US$20 bilhões para apenas US$9 bilhões). Dado que os dólares estavam sendo continuamente inflacionados em relação à sua base em ouro, como poderiam os Estados Unidos continuar eternamente restituindo esses dólares em ouro (sendo esse o alicerce do sistema de Bretton Woods)?

Mas essas limitações aparentemente não arrefeceram a contínua inflação de dólares e preços nos Estados Unidos, tampouco a política americana de "negligência salutar", o que resultou – no fim dos anos

1960 – em um acúmulo acelerado de nada menos que $80 bilhões de indesejados dólares pela Europa (conhecidos como eurodólares). Para tentar impedir os europeus de restituírem seus dólares em ouro, os Estados Unidos exerceram intensa pressão política sobre estes governos – similar, porém em uma escala muito maior do que a adulação feita pelos britânicos aos franceses até 1931 para que estes não restituíssem seu grande estoque de libras esterlinas.

Mas as leis econômicas sempre acabam sobrepujando os governos, e foi isso que aconteceu com o governo inflacionista americano no final dos anos 1960. O sistema de padrão ouro-câmbio de Bretton Woods – aclamado pelo *establishment* político e econômico dos Estados Unidos como sendo algo permanente e invulnerável – começou a ruir rapidamente em 1968.

6. Fase VI:

O declínio de Bretton Woods, 1968-1971

Na medida em que os dólares iam se acumulando nos países europeus e o ouro continuava saindo dos Estados Unidos, tornou-se crescentemente difícil para os americanos manter o preço do ouro a US$35 a onça no livre mercado de ouro em Londres e Zurique. US$35 a onça eram a base de todo o sistema, e embora os cidadãos americanos tivessem sido proibidos de possuir ouro em qualquer lugar do mundo desde 1934, outros cidadãos desfrutavam dessa liberdade de portar barras e moedas de ouro. Assim, uma maneira de os cidadãos europeus restituírem seus dólares em ouro era vendendo seus dólares por ouro a US$35 a onça no livre mercado de ouro de Londres e Zurique. Como a inflação e a depreciação dos dólares eram contínuas, e o balanço de pagamentos americanos seguia deficitário, os cidadãos da Europa e de outros continentes intensificaram sua conversão de dólares em ouro. Para manter o dólar a $35 a onça, o governo americano foi forçado a liberar o ouro de seu já decrescente estoque para assim poder manter o preço de $35 nos mercados de Londres e Zurique.

Uma crise de confiança no dólar nos livres mercados de ouro obrigou os Estados Unidos a efetuarem uma mudança fundamental no sistema monetário em março de 1968. A idéia era impedir que o inoportuno livre mercado de ouro voltasse colocar em risco o arranjo de Bretton Woods. Daí nasceu o "duplo mercado de ouro", em que o mercado de ouro era separado do seu mercado monetário. A ideia era que o livre mercado de ouro poderia ser completamente ignorado e ser completamente isolado da *real* ação monetária dos bancos centrais e governos mundiais. Os

Estados Unidos não mais tentariam manter o preço do livre mercado de ouro em US$35; ele iria apenas ignorar esse mercado. Além disso, os Estados Unidos e todos os outros governos concordaram em manter o valor do dólar em $35 a onça para sempre. Os governos e bancos centrais do mundo não mais iriam dali em diante comprar ouro do mercado "externo" e não mais iriam vender ouro para aquele mercado; dali em diante o ouro iria se mover apenas de um banco central para outro. As novas ofertas de ouro, o livre mercado de ouro e a demanda privada por ouro iriam seguir seu próprio caminho, completamente separado dos arranjos monetários dos governos mundiais.

Conjuntamente a isso, os Estados Unidos fizeram grande pressão pela adoção de um novo tipo de reserva mundial de papel, os Direitos Especiais de Saque (DESs), os quais esperava-se que fossem substituir completamente o ouro e servir como o novo papel-moeda mundial a ser emitido por um futuro Banco Central Mundial. Se esse sistema fosse estabelecido, os Estados Unidos poderiam inflacionar eternamente sua moeda sem qualquer restrição, sempre em colaboração com os outros governos mundiais (o único limite seria uma desastrosa hiperinflação mundial e o colapso desse papel-moeda). Mas os DESs, intensamente combatidos pela Europa Ocidental e pelos países pró-moeda forte, se tornaram apenas um pequeno suplemento para as reservas monetárias dos Estados Unidos e de outros países.

Todos os economistas defensores do dinheiro de papel, desde os keynesianos até os friedmanianos, agora estavam confiantes que o ouro desapareceria do sistema monetário internacional; uma vez removido o "suporte" dado pelo dólar – vaticinavam confiantemente esses economistas –, o preço do ouro no livre mercado iria rapidamente cair para menos de US$35 a onça, e poderia até mesmo cair para um nível menor do que aquele estimado para o preço "industrial" (não-monetário) do ouro, que era de US$10 a onça.

Porém, ocorreu exatamente o oposto disso: o preço do ouro no livre mercado, que nunca esteve abaixo de US$35, se manteve constantemente acima de US$35, e já no início de 1973 subiu para US$125 a onça, uma cifra que nenhum economista defensor da moeda de papel acreditava ser possível apenas um ano antes.

Longe de ter estabelecido um novo e permanente sistema monetário, o duplo mercado de ouro conseguiu apenas ganhar tempo; a inflação e os déficits americanos continuaram. Os eurodólares se acumularam rapidamente, o ouro continuou a fluir dos Estados Unidos para outros países e o alto preço do ouro no livre mercado simplesmente revelava a acelerada perda de confiança no dólar. Esse sistema duplo levou rapidamente a uma crise – e à dissolução final de Bretton Woods.

7. Fase VII:

O fim de Bretton Woods: papéis-moeda flutuantes, Agosto Dezembro, 1971

No dia 15 de agosto de 1971, ao mesmo tempo em que impunha um congelamento de preços e salários em uma vã tentativa de controlar a explosiva inflação de preços, o presidente Nixon impôs um estrondoso fim ao sistema de Bretton Woods. Como os bancos centrais europeus estavam ameaçando restituir em ouro o máximo possível de seus inchados estoques de dólares, Nixon acabou completamente com o que restava do padrão-ouro. Pela primeira vez na história americana, o dólar era totalmente fiduciário, sem qualquer lastro em ouro. Mesmo aquele tênue elo com o ouro, mantido desde 1933, estava agora definitivamente cortado. O mundo estava novamente mergulhado no sistema fiduciário dos anos 1930, só que com um agravante: nem mesmo o dólar possuía mais qualquer ligação com o ouro. Novamente surgia no horizonte o temível espectro dos blocos monetários, das desvalorizações artificiais, dos conflitos econômicos e do colapso do comércio internacional e do investimento, com a depressão mundial que tais atitudes gerariam.

O que fazer? Tentando restaurar uma ordem monetária internacional sem qualquer elo com o ouro, os Estados Unidos levaram o mundo a implantar o Acordo Smithsoniano em 18 de dezembro de 1971.

8. Fase VIII:

O Acordo Smithsoniano, dezembro de 1971 a fevereiro de 1973

O Acordo Smithsoniano, saudado pelo presidente Nixon como o "maior acordo monetário da história mundial", era ainda mais instável e infundado que o padrão ouro-câmbio dos anos 1920 e que o sistema de Bretton Woods. Mais uma vez, os países se comprometeriam a manter taxas fixas de câmbio, só que desta vez sem o ouro ou alguma moeda mundial para servir de lastro. Além disso, muitas moedas europeias foram fixadas ao dólar a paridades subvalorizadas; a única concessão dos Estados Unidos foi fazer uma insignificante desvalorização na taxa oficial do dólar, subindo-a para US$38 a onça. Embora tenha sido muito pequena e muito tardia, essa desvalorização foi significativa, pois desmoralizou uma série de pronunciamentos oficiais americanos em que o governo jurava que iria manter a taxa de US$35 eternamente. Ao menos agora se reconhecia implicitamente que o preço de US$35 não era uma lei inviolável, esculpida em pedras.

Era inevitável que taxas de câmbio fixas – mesmo que dentro de zonas de flutuação mais amplas –, porém sem um meio internacional de troca, estivessem fadadas a um rápido fracasso. Isso era inevitável porque a inflação monetária e de preços, o declínio do dólar e os déficits do balanço de pagamentos dos Estados Unidos continuavam ocorrendo sem qualquer obstáculo.

O já inchado estoque de eurodólares, em conjunto com a inflação contínua e o fim do lastro em ouro, levou o preço do ouro no livre mercado para mais de US$215 a onça. E à medida que a sobrevalorização do dólar e a subvalorização das moedas europeias e japonesas – sabidamente moedas fortes – foi-se tornando cada vez mais evidente, o dólar o sistema ia se tornando cada vez mais instável. Até que, finalmente, o dólar entrou em colapso no mercado mundial durante o pânico de fevereiro e março de 1973. Tornou-se impossível para a Alemanha Ocidental, Suíça, França e outros países de moeda forte continuarem comprando dólares a fim de manter o dólar a uma taxa sobrevalorizada. Em pouco mais de um ano, o sistema smithsoniano de taxas de câmbio fixas sem o lastro em ouro havia desmoronado frente às dificuldades da realidade econômica.

9. Fase IX:

Papéis-moedas flutuantes, março de 1973 - ?

Com o colapso do dólar, o mundo retornou a um sistema de moedas fiduciárias flutuantes entre si. Dentro do bloco ocidental europeu, as taxas de câmbio foram amarradas umas às outras, e os Estados Unidos novamente desvalorizaram apenas simbolicamente a paridade oficial do dólar em relação ao ouro, para US$42 a onça. Com a queda brutal e diária do dólar no mercado de câmbio, e a concomitante valorização do marco alemão, do franco suíço e do iene japonês, as autoridades monetárias – assessoradas por economistas friedmanianos – começaram a crer que esse era de fato o arranjo monetário ideal. É verdade que um excesso de reservas e crises súbitas no balanço de pagamentos não ocorrem constantemente em um mundo regido por taxas de câmbio flutuantes. Ademais, as empresas exportadoras americanas passaram a se beneficiar, pois a desvalorização do dólar fez com que os produtos americanos ficassem mais baratos no exterior.

É verdade também que os governos continuavam intervindo nas flutuações do câmbio (a flutuação era "suja" em vez de "limpa"), mas no geral parecia que a ordem monetária internacional havia se rendido à utopia de Friedman.

Mas rapidamente tornou-se óbvio que tudo estava longe de estar normal no corrente sistema monetário internacional. O problema de longo prazo foi que os países que possuíam uma moeda forte se recusaram a continuar passivos e ver suas moedas se tornarem mais caras e suas exportações prejudicadas em benefício de seus concorrentes americanos. Dado que a inflação americana e a depreciação do dólar continuaram impávidas, deu-se início a (mais) uma previsível guerra econômica entre os países, com desvalorizações cambiais, controles de câmbio e de capitais, blocos econômicos, tarifas e quotas. Ainda mais de imediato, no entanto, foi o outro lado da moeda: a desvalorização do dólar significou para os americanos um encarecimento das importações. Além disso, as exportações do país baratearam e se tornaram tão atrativas para os estrangeiros que os preços dos bens exportados aumentaram dentro dos Estados Unidos (já ficou famosa a inflação dos preços do trigo e da carne nessa época). A incerteza que acompanha as rápidas flutuações das taxas de câmbio pode ser paralisante e foi logo sentida pelos americanos com a forte queda do dólar ocorrida nos mercados de câmbio em julho de 1973.

Desde que os Estados Unidos abandonaram completamente o ouro em agosto de 1971 e estabeleceram o friedmaniano sistema de papel-moeda flutuante em março de 1973, os Estados Unidos e o mundo sofreram o mais intenso, o mais constante e o mais prolongado período inflacionário da história mundial.

A figura abaixo mostra a evolução do índice de preços ao consumidor nos Estados Unidos. A partir de Bretton Woods, em 1944, já começa a haver uma aceleração, que é fortemente intensificada após o abandono completo do padrão-ouro, em 1971.

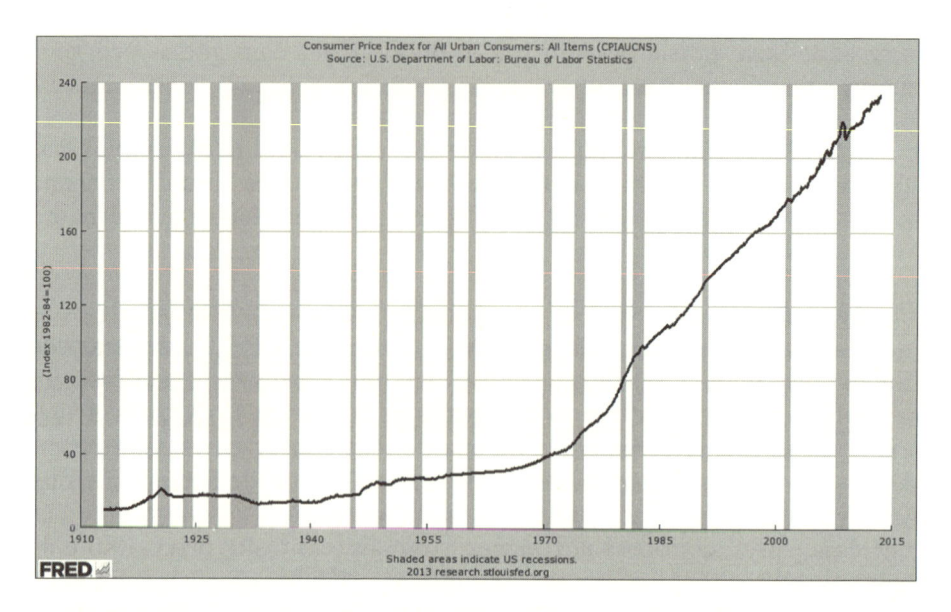

Consumer Price Index for All Urban Consumers: All Items (CPIAUCNS)
Source: U.S. Department of Labor: Bureau of Labor Statistics

Shaded areas indicate US recessions.
2013 research.stlouisfed.org

Já deveria estar claro por agora que isso dificilmente se trata de uma mera coincidência. Antes de o dólar ter tido seu elo com o ouro completamente cortado, os keynesianos e os friedmanianos, ambos à sua maneira, devotados ao papel-moeda fiduciário, previram confiantemente que, quando este fosse estabelecido, o preço de mercado do ouro cairia até seus níveis não monetários, estimado em US$8 a onça.

Movidos pelo seu desprezo pelo ouro, ambos os grupos acreditavam que era o poderoso dólar quem estava mantendo alto o preço do ouro, e não o contrário. Mas desde 1971, o preço do ouro no livre mercado jamais esteve abaixo do antigo preço fixo de US$35 a onça; ao contrário, o tempo todo ele foi enormemente mais alto. Quando, durante as décadas de 1950 e 1960, economistas como Jacques Rueff estavam pedindo um padrão-ouro a um preço de US$70 a onça, o preço foi considerado absurdamente alto. Hoje, ele é absurdamente baixo. O fato de o preço do ouro estar muito mais alto hoje é uma indicação da deterioração calamitosa a que foi submetido o dólar desde que os economistas "modernos" ganharam espaço e todo o lastro em ouro foi removido.

Já está claro que o mundo não mais aguenta as crises geradas por essa inflação sem precedentes e sem obstáculos, que foi trazida pelo sistema de moedas fiduciárias flutuantes ente si, implantadas desde 1973. A extrema volatilidade e imprevisibilidade das taxas de câmbio flutuantes são também um fator de desgaste e incerteza. Essa volatilidade é a consequência natural de um sistema em que cada governo é livre para manipular sua moeda, o que traz instabilidade política à já natural incerteza do sistema de preços do livre mercado. O sonho friedmaniano de moedas fiduciárias flutuantes está em pedaços e há um compreensível desejo de se retornar a um sistema internacional de taxas de câmbio fixas.

Infelizmente, o padrão-ouro clássico permanece esquecido, e o objetivo maior de todos os líderes políticos mundiais é adotar o antigo sonho keynesiano de um padrão monetário mundial baseado em um único papel, uma moeda que seria emitida por um banco central mundial (BCM). Se a nova moeda vai se chamar "bancor" (sugestão de Keynes), "unita" (sugestão de Harry Dexter White, secretário do tesouro americano durante a Segunda Guerra Mundial) ou "fênix" (sugestão da *The Economist*) é algo de importância secundária. O ponto vital é que tal sistema baseado em um único papel-moeda internacional – embora fosse livre de crises nos balanços de pagamento (dado que o BCM poderia emitir o tanto de *bancors* que quisesse e ofertá-los para o país de sua escolha) – abriria as portas para uma ilimitada inflação mundial, impossível de ser controlada por crises nos balanços de pagamento ou por quedas nas taxas de câmbio. O BCM seria o todo-poderoso determinador de toda a oferta monetária mundial, bem como de sua distribuição entre os países. O BCM poderia e iria submeter o mundo àquilo que ele considerasse ser uma inflação sabiamente controlada. Infelizmente, nesse caso, nada mais restaria para impedir a inimaginável catástrofe de um holocausto econômico trazido por uma inflação galopante mundial. Nada, exceto a duvidosa capacidade de um BCM fazer uma sintonia fina em toda a economia mundial.

Embora uma unidade monetária internacional de papel e um banco central mundial permaneçam como o objetivo último dos líderes mundiais keynesianos, o objetivo mais realista e próximo é um retorno a um esquema do tipo Bretton Woods, só que desta vez sem as restrições impostas por algum lastro em ouro. Os principais bancos centrais mundiais já estão tentando "coordenar" suas políticas monetárias e econômicas, harmonizar suas taxas de inflação e fixar suas taxas de câmbio. A Europa já está prestes a adotar um papel-moeda único, emitido por um banco central europeu. Tal objetivo está sendo falaciosamente justificado ao ingênuo público como sendo necessário para a adoção de uma área de livre comércio – que será chamada de Comunidade Econômica Europeia (CEE). A ideia dos burocratas é fazer o público crer que uma área de livre comércio necessariamente requer uma mastodôntica burocracia, uma taxação uniforme por toda a CEE, e, em particular, um banco central europeu e um papel-moeda único. Quando isso for adotado, uma maior coordenação com o banco central americano e com outros bancos centrais mundiais será a consequência inevitável.

Após isso, fica a pergunta: é possível que um banco central mundial esteja muito longe? Caso isso não venha a acontecer, é provável que sejamos arrastados para outro Bretton Woods, com todas as inerentes crises de balanço de pagamentos, bem como manifestações da Lei de Gresham, que ocorrem em sistemas de câmbio fixo e papel-moeda fiduciário.

Olhando para o futuro, o diagnóstico que podemos fazer para o dólar e para o sistema monetário internacional é de fato sombrio. A menos que retornemos ao padrão-ouro clássico a um preço realista, o sistema monetário internacional está fadado a se alternar continuamente entre taxas de câmbio fixas e flutuantes, sendo que cada sistema seguirá enfrentando problemas insolúveis e funcionando insatisfatoriamente até chegar à desintegração final. E estimulando essa desintegração estará inevitavelmente a inflação da oferta de dólares. Os prospectos para o futuro são de acelerada inflação monetária nos Estados Unidos, seguida de um colapso monetário internacional. Esse prognóstico só poderá ser mudado caso haja uma drástica alteração no sistema monetário americano e internacional: o retorno a uma moeda-commodity de livre mercado – tal como o ouro –, e uma remoção total da ingerência governamental sobre as questões monetárias.

Capítulo V
Posfácio
por Fernando Ulrich

O QUE TERIA ESCRITO MURRAY ROTHBARD caso tivesse podido presenciar os acontecimentos econômicos mundiais desde que a última edição desta obra foi publicada? As seguidas crises que se sucederam após sua prematura morte, no ano de 1995, vieram a confirmar suas prescientes análises e previsões acerca de um sistema monetário inerentemente instável e fadado à ruína. Entretanto, como um ferrenho defensor da liberdade individual, estaria certamente consternado com o avanço do Estado interventor e, especialmente, com as soluções adotadas pelos governos mundo afora para remediar uma aguda crise econômica causada por esses mesmos governos. Em virtude dos acontecimentos das últimas décadas e, em especial, desde a crise financeira de 2007/08, no presente Posfácio, nos aventuramos a dar continuidade à narrativa de Rothbard sobre a evolução da ordem monetária mundial no último século.

Atualmente, não há dúvida quanto à gravidade da crise financeira, cujo início se deu em 2007[41] com a conhecida *débâcle* das hipotecas *subprime* americanas (hipotecas de alto risco). Hoje é consenso, inclusive entre economistas de escolas de pensamento fundamentalmente distintas, que essa é a pior crise financeira desde a Grande Depressão da década de 1930. Contudo, quando a atual crise estava apenas começando, muitos economistas nem sequer entendiam o que estava ocorrendo diante de seus olhos; seus "modelos" não haviam previsto nada. De fato, com raras exceções, somente os economistas da Escola Austríaca não só previram como também explicaram o porquê da crise financeira e de sua inevitabilidade. Estamos vivendo as consequências do sistema monetário de Moedas Fiduciárias Flutuantes, definido por Rothbard como a nona fase da história da ordem monetária mundial do século XX, iniciada em março de 1973.

Foram tantos os eventos econômicos desde que o mundo embarcou em um sistema de moedas puramente fiduciárias sem qualquer lastro, senão a confiança de governos, que seria pertinente discorrermos sobre o percurso da ordem monetária mundial nestas últimas quatro décadas.

Fase 9: Papéis-Moedas flutuantes (março de 1973-setembro de 2008)

---

41 Para um excelente estudo sobre o início e as causas da crise financeira de 2007, ver *Meltdown*, de Thomas Woods Jr (Washington: Regnery Publishing Inc, 2009).

Durante os anos 1970, os Estados Unidos e o mundo vivenciaram a mais intensa inflação em tempos de paz da história do mundo. Decidido a sanar essa situação, Paul Volcker (presidente do Federal Reserve de 1979 a 1987) elevou então as taxas de juros até 20% para combater a alta de preços que perturbava as economias americana e mundial. Mesmo com um banqueiro central americano bastante "rígido", a década de 80 não foi livre de crises, como a da dívida externa dos países latino-americanos, da brusca queda da Bolsa de Nova York em 1987 e do colapso da indústria de poupança e crédito nos Estados Unidos (*savings and loan*, ou crise das "*S&L Associations*").

A década seguinte foi igualmente turbulenta, a começar pelo estouro da gigantesca bolha imobiliária no Japão. Ainda no Oriente, eclodia a crise financeira asiática de 1997, desencadeada pela maxidesvalorização do baht tailandês, levando os mercados financeiros ao desespero. O mundo mal assimilava os efeitos da crise asiática quando, um ano depois, o governo russo jogava a toalha, desvalorizando o rublo e declarando a moratória de sua dívida. Alguns meses depois, com forte exposição aos mercados de títulos soberanos e altamente alavancado, era resgatado pelo Federal Reserve o famoso *hedge-fund* americano *Long-Term Capital Management*. Seria apenas mais uma quebra em Wall Street, salvo o fato de que sua falência poderia causar uma reação em cadeia e levar consigo seus maiores credores, grandes instituições financeiras globais.

Mas, a despeito das inúmeras crises cambiais no continente asiático durante a década de 90, moratórias de dívida e estouro de bolhas especulativas, a realidade é que o mundo desenvolvido ocidental experimentou uma relativa estabilidade nos preços de bens e serviços de consumo durante esse período[42]. Não que os bancos centrais e governos tivessem abdicados de suas posturas inflacionistas. Definitivamente, não. Na realidade, o que houve foi uma profunda intensificação da divisão internacional do trabalho em uma escala jamais vista; leia-se China.

A maior abertura da China – não iniciada nos anos 90, mas intensificada nessa década – fez com que os ganhos de produtividade contrabalançassem o efeito das políticas inflacionistas dos governos ocidentais. Também contribuíram para esse fenômeno o ingresso dos países do Leste Europeu na economia mundial após a derrocada da União Soviética e a revolução tecnológica da internet. Aos olhos dos banqueiros centrais, liderados pelo então presidente do Fed, Alan Greenspan, o mundo moderno havia domado o dragão inflacionário. Pelo menos era isso o que diziam os índices de preços ao consumidor.

---

42   Para uma análise mais detalhada sobre as causas desse efeito, ver artigo de Leandro Roque "A inflação de preços veio para ficar?", de 21 de julho de 2011 (http://mises.org.br/Article.aspx?id=1051.)

O fato é que, como explicou Rothbard no capítulo 3 (seção 2, Os Efeitos Econômicos da Inflação), a moeda nunca é neutra; uma política monetária expansionista afetará os preços relativos de forma não uniforme e em espaços de tempo distintos. E ela afeta não somente os preços de bens finais, os chamados bens de consumo, mas também os preços de bens intermediários, os fatores de produção e, não menos importante, os preços de ativos imobiliários e financeiros. Não obstante, o grande paradigma da política monetária moderna ao final do milênio – pelo menos até a eclosão da atual crise financeira – era que perseguir uma baixa taxa de inflação, medida por índices de preços ao consumidor, seria suficiente para garantir o desenvolvimento econômico e a estabilidade financeira. Em algumas nações, tal paradigma se plasmou em uma política chamada de "metas de inflação", e o país pioneiro a adotá-la foi a Nova Zelândia, em 1990[43].

Nesse contexto da ordem monetária mundial, nascia o euro, a moeda única europeia compartilhada pela maioria dos países da União Europeia[44] (UE), cujo guardião seria o Banco Central Europeu (BCE). Sua principal tarefa: manter o poder de compra e a estabilidade de preços. Como os tratados da concepção da UE não ofereciam uma definição precisa de *estabilidade de preços*, restou ao BCE a tarefa de estabelecê-la qualitativa e quantitativamente em 2% ao ano, usando como medida o índice de preços ao consumidor harmonizado. Além disso, ao referir-se a um "aumento de 2% ao ano, a definição deixava claro que não somente inflação acima desse patamar, como também deflação (uma queda de preços, segundo o BCE), eram inconsistentes com estabilidade de preços[45]".

Ainda que o banco central americano jamais tivesse definido estabilidade de preços em termos qualitativos e quantitativos, essa também era uma das duas metas principais do Federal Reserve, também chamadas de "mandato duplo": preços estáveis e emprego máximo.

Em um entorno de moedas fiduciárias flutuantes, o mundo desenvolvido, em especial o Ocidente, ingressava então no novo milênio sob um novo cenário da ordem monetária mundial: baixa inflação de preços ao consumidor, baixa taxa de desemprego e forte crescimento econômico. Ainda que com eventuais crises financeiras, os banqueiros

---

43 Em 1999, ao abandonar a âncora cambial, o Brasil incorporou-a ao seu famoso "tripé econômico", um conjunto de três políticas monetárias e fiscais adotadas pelo governo brasileiro: i) metas de inflação, ii) câmbio flutuante e iii) superávit primário.
44 O euro foi introduzido de forma eletrônica somente em 1999, passando a circular em cédulas e moedas a partir de 2002. Para entender os motivos por trás da introdução do euro, suas falhas e a crise que se sucedeu, ver "A Tragédia do Euro", de Philipp Bagus (São Paulo: Vide Editorial, 2012).
45 Banco Central Europeu, www.ecb.europa.eu/mopo/strategy/pricestab/html/index.en.html.

centrais pareciam ter descoberto o Santo Graal da política monetária. Como Keynes insinuara meio século antes, não só era possível atingir um eterno *boom*, como já era essa a realidade. A qualquer sinal de recessão, bastava reduzir as taxas de juros para colocar a economia de volta aos trilhos e a todo o vapor. Nas palavras de Alan Greenspan, era plenamente possível que estivéssemos diante de uma "Nova Economia"[46].

Ademais, outro importante indicador garantia a consciência tranquila dos banqueiros centrais de que suas ações conduziam a humanidade rumo a uma nova era; após atingir quase US$ 900 a onça troy em meados de 1980, o ouro chegou a ser cotado em US$ 250 em 1999, o menor patamar em quase 20 anos. Diante desses fatos, estaria o metal precioso prestes a ser completamente desmonetizado, conforme previram décadas antes keynesianos e friedmanianos? Estaria a "Nova Economia" imune às leis econômicas?

Não. Definitivamente, não.

Empiricamente, essa resposta veio em 2001: estourava a bolha da internet e, com ela, acabava a ilusão de que o mundo ingressava em uma nova economia, em que as velhas leis não mais se aplicavam. A recessão seria a consequência inevitável de um *boom* insustentável gerado por crédito abundante e barato. Entretanto, Greenspan não queria estragar a festa. Buscando evitar uma recessão, o *chairman* do banco central americano recorreu novamente a sucessivas rodadas de redução das taxas de juros, chegando ao incrível patamar de 1% em 2003[47].

Mas em um mundo de moedas fiduciárias flutuantes, nenhum país quer ver sua moeda flutuar "demais", apreciando a taxa de câmbio e penalizando o setor exportador; para as autoridades monetárias, a melhor moeda é aquela que flutua sem se mover. Dessa forma, e em plena consonância com a política expansionista do Federal Reserve, os principais bancos centrais do mundo recorreram à impressora de dinheiro, em uma ação conjunta de forte redução das taxas de juros. Nessa seleta lista, e como um dos grandes protagonistas, estava o recém-nascido banco central europeu.

O resultado foi uma renovada expansão monetária. Para remediar a bolha da internet, nada melhor que criar uma nova bolha. Dessa vez, juros artificialmente baixos somados a políticas públicas de fomento ao setor

---

46   Discurso de Alan Greenspan na Universidade da Califórnia, em 4 de setembro de 2008.
47   Além disso, em virtude dos ataques terroristas de 11 de setembro de 2001 na cidade de Nova York, houve grande pressão política para que o Federal Reserve não mantivesse uma postura austera, evitando que a recessão tomasse seu curso natural.

inflavam uma bolha imobiliária sem precedentes. Logicamente, não seria o primeiro episódio de bolha especulativa nesse setor. O ineditismo jaz no fato de que o *boom* imobiliário não foi um fenômeno restrito somente aos Estados Unidos. Nesse novo milênio, bolhas no setor da construção se formavam simultaneamente em várias partes do globo, como na Espanha, na Irlanda e, em menor medida, no Reino Unido.

Entretanto, quando a elevação de juros acabou com a farra da expansão monetária, o estrago já estava feito: empresas e famílias no limite do endividamento, bancos perigosamente alavancados e uma estrutura de produção completamente insustentável. Não restavam dúvidas de que a aparente prosperidade perpétua chegara a um trágico fim. A Teoria Austríaca dos Ciclos Econômicos era vindicada[48]. A manipulação dos juros pelos bancos centrais, aliada a uma expansão artificial do crédito sem respaldo em poupança real, inevitavelmente geram uma miríade de investimentos errôneos que eventualmente se revelam equivocados. O mercado sempre se reafirma. Por mais doloroso que seja o processo, a única maneira de sanar a economia e expurgá-la dos excessos é liquidando os negócios inviáveis tão logo seja possível. Os anos de *boom* chegavam ao seu inescapável fim.

Cedo ou tarde, a expansão creditícia sem respaldo em poupança real vem a causar o seu extremo oposto: uma contração do crédito. Devido às perdas por empréstimos de recuperação duvidosa, primeiramente os bancos deixam de emprestar às empresas. Logo, os bancos cessam os financiamentos entre eles próprios no chamado mercado interbancário. A liquidez do sistema "congela".

Em agosto de 2007, em uma nota oficial preocupante, o banco francês BNP Paribas anunciava que estava suspendendo os saques de três grandes fundos por problemas no mercado de hipotecas *subprime* americano. Segundo o banco, "a completa evaporação de liquidez em certos segmentos do mercado americano de securitização tornou impossível estimar o valor justo de certos ativos independentemente de sua qualidade ou classificação de risco"[49]. Iniciava o fenômeno que ficou internacionalmente conhecido como *credit crunch*, ou o "aperto do crédito". Por mais que as autoridades norte-americanas assegurassem que o problema de liquidez estava restrito

---

48 Assim como antes do estouro da bolha da internet, quando se acreditava que o mundo entrara em uma "Nova Economia", o período da década de 80 até a *débâcle* das hipotecas de alto risco em 2007 foi taxado por alguns economistas e banqueiros centrais como a era da "Grande Moderação". Supostamente devido à maior independência das autoridades monetárias, as baixas taxas de inflação aliadas ao robusto crescimento econômico lhes cegaram os olhos, fazendo-os crer que o ciclo econômico havia sido domado. Mas a realidade logo viria a acordá-los.
49 Revista *The Economist*, "CSI: credit crunch", edição de 18 de outubro de 2007.

ao mercado *subprime*, a realidade era bem diferente. E dessa vez, os efeitos seriam sentidos em grande parte do mundo[50].

No ano seguinte, a crise seria intensificada. Bancos e fundos de investimento buscavam desesperadamente sacar seus depósitos de instituições problemáticas. Era a versão moderna da velha corrida bancária. Mas em um mercado em que quase todas as instituições financeiras carregavam algum tipo de ativo tóxico, quais eram realmente solventes? Quais eram apenas ilíquidas, mas potencialmente insolventes? Com o estouro de bolhas imobiliárias em diversas partes do mundo, mas, principalmente, nos Estados Unidos, outras perguntas pairavam no ar sem respostas satisfatórias. Qual o valor das hipotecas *subprime* que os bancos reconheciam em seus balanços? Se esse segmento de mercado estava definhando, como seriam impactados os demais segmentos? A interconectividade, a interdependência, a exposição mútua e os riscos de contraparte (o *"counterparty risk"*) eram de tal magnitude e complexa mensuração que o sistema financeiro estava simplesmente à beira do colapso.

Depois de seguidos resgates de bancos em dificuldades, fusões forçadas pelo *Federal Reserve*, acordos de "troca de liquidez" entre os principais bancos centrais do mundo (*"liquidity swap"*), legislações apressadas e desesperadas, o impensável ocorria: no dia 15 de setembro de 2008, um banco considerado "grande demais para quebrar" viria a falir. O *Lehman Brothers* entrava para a história como a maior falência dos Estados Unidos até então.

Fase 10: Desvalorizações Competitivas e Infinitas (setembro de 2008 - ?)

À beira do colapso, o sistema monetário já não responderia somente à ortodoxia então reinante; manipulações das taxas de juros seriam insuficientes para combater o problema, tal a sua magnitude e falta de precedentes. Ben Bernanke, sucessor de Alan Greenspan na presidência do Federal Reserve, empossado em 2006, estava finalmente diante da complexidade prática, cuja teoria ele supostamente dominava. Estudioso da Grande Depressão do século anterior, o grande erro de Banco Central americano, segundo sua ótica, havia sido a parca provisão de liquidez ao sistema bancário de seu país. Atribuindo a falta de determinação em injetar dinheiro no sistema à causa do prolongamento da crise de 1929, Bernanke sempre deixou claro que esse ato falho jamais seria repetido. Certamente não enquanto ele estivesse segurando as rédeas do Federal Reserve.

---

50 Além dos efeitos da própria globalização, por meio das chamadas "securitizações", bancos e investidores do mundo todo investiram em ativos de qualidade questionável, tornando global um problema gerado no sistema financeiro norte-americano.

Era chegada a hora de descarregar a munição pesada da qual um Banco Central dispõe: imprimir dinheiro tanto quanto fosse necessário. Da quebra do *Lehman Brothers*, em meados de setembro, ao final de outubro, Bernanke perpetrou a façanha de duplicar o balanço do Federal Reserve, adquirindo ativos tóxicos de bancos ilíquidos e insolventes e provendo liquidez emergencial a diversas instituições. Nem mesmo em períodos de guerra ocorrera uma expansão similar da oferta monetária.

Não havia precedentes para essa política extraordinária. Tampouco havia teoria que substanciasse duplicar a base monetária em questão de semanas. Nada na teoria keynesiana poderia justificar tal ação. Nem mesmo as Escolas de Chicago e das Expectativas Racionais seriam capazes de prover teorias como justificativa às políticas do Federal Reserve naquele curto período. Em realidade, nenhuma escola de pensamento econômico, até então, disporia de teorias para fundamentar tais medidas. O embasamento era pragmático e implorava para "fazer alguma coisa rápido, qualquer coisa, o barco estava afundando"[51].

Sem embargo, apesar de carecer de qualquer teoria justificando duplicar a base monetária e comprar ativos de qualidade duvidosa, a capacidade para tal empreitada o Federal Reserve de fato tinha. Sem as amarras de um padrão-ouro, em um ambiente de papel-moeda fiduciário, Bernanke tinha, e ainda tem, a capacidade de imprimir dinheiro a seu bel-prazer. Injetar liquidez, para usar o economês dos dias atuais, nem mais requer tinta e papel; bastam algumas teclas e cliques de computador para que o dinheiro eletrônico seja materializado em questão de segundos.

O rol de ações extraordinárias sem precedentes, no entanto, não havia acabado. Em questão de meses, o Fed levaria a sua taxa básica de juros a zero. E como reagiriam os demais bancos centrais face a uma crescente oferta de dólares? Como advertiu Rothbard, moeda flutuante só funciona se os países inflacionam com relativa igual intensidade; quem abdicar de usar a impressora verá sua moeda se apreciar e tenderá a agir para reverter a tendência. Nesse sentido, e em consonância com o banco central americano, os principais bancos centrais do mundo desenvolvido embarcaram na mesma política de juros próximos a zero, acompanhada de rodadas esporádicas de injeção de liquidez. Algumas autoridades monetárias, por necessidade de resgatar bancos e empresas grandes demais para falir, como o Banco da Inglaterra e o Banco Central Europeu; outras puramente por temerem uma apreciação repentina e intensa de suas moedas, como o Banco Nacional da Suíça.

---

51 Gary North, em discurso no Mises Institute Supporter's Summit de outubro de 2010, em Auburn, Alabama. http://www.youtube.com/watch?v=q7bhbyUhPoo.

Findas as inéditas políticas adotadas pelas autoridades monetárias, banqueiros centrais, economistas e políticos nos garantiam que a recuperação econômica logo viria. O setor privado se recuperaria e voltaríamos a crescer de forma sustentável. Doce ilusão.

A assunção de prejuízos de empresas privadas – especialmente do setor bancário – pelos governos exerceu enorme pressão nas finanças públicas dos países ocidentais. Uma crise que inicialmente parecia restrita ao setor privado logo se tornou uma séria crise fiscal. Estados endividados, grandes rombos fiscais e uma frágil recuperação da economia privada contribuíram para a eventual crise de dívida soberana desencadeada pela Grécia em 2009. Fragilizados também estavam os demais países na periferia da zona do euro, como Portugal, Irlanda, Espanha e Itália. Desprovidas de sua própria impressora de dinheiro – agora todos estavam sob a "camisa de força" do euro –, essas nações se viram obrigadas a tomar medidas de contenção fiscal, ainda que a retórica tenha sido maior do que ações realmente concretas.

O déficit fiscal mais preocupante, entretanto, prosseguia diligentemente seu curso, inabalado e intocado. Naquele ano de 2009, os Estados Unidos alcançariam o assombroso rombo de US$1,4 trilhões nas contas públicas. Para o ano seguinte, o quadro não seria menos temerário. Projetava-se um déficit fiscal de dimensão equivalente. Ciente do enorme desafio que o governo americano enfrentaria para tapar o buraco fiscal e rolar sua dívida, o Federal Reserve lançava mão de mais uma medida extraordinária. Borrando a linha divisória entre política monetária e fiscal, Bernanke anunciava, em novembro de 2010, despudoradamente, a segunda rodada de afrouxamento quantitativo (*Quantitative Easing 2*, ou QE2), pela qual, em seis meses, seriam adquiridos US$ 600 bilhões em títulos do tesouro norte-americano. Cunhando eufemisticamente "impressão de dinheiro" de "afrouxamento quantitativo", o termo acabou sendo empregado em todas as ações de natureza similar. Aos leigos e incautos, era apenas mais uma medida puramente técnica por parte de uma autoridade monetária. Mas a sua verdadeira natureza era inegável: imprimir dinheiro, desvalorizando o dólar, para resgatar o próprio governo do Tio Sam. Em retrospecto, a primeira rodada de impressão de dinheiro em 2008 viria a ser chamada de QE1. Esta resgatou os bancos; QE2 resgatou o Tio Sam.

Na Europa, o Banco da Inglaterra adotaria políticas praticamente idênticas: sucessivas rodadas de QE, injetando liquidez no sistema para a compra de títulos do governo britânico[52]. Em menor grau, mas

---

52 Sendo confrontado por críticas e questionamentos sobre qual era a real natureza da medida e suas consequências, pouco tempo após o anúncio da iniciativa, o Banco da Inglaterra publicou um

compartilhando da mesma essência e contrariando a ala germânica fiel ao conservadorismo do famoso *Bundesbank*, o Banco Central Europeu usaria a impressora de dinheiro para comprar títulos soberanos dos países problemáticos.

Em questão de dois anos, a experiência de décadas de ortodoxia dos modernos bancos centrais era jogada pela janela. *A posteriori*, vários economistas defenderiam as políticas extraordinárias tomadas pelas autoridades monetárias. Com parco embasamento teórico, mas repleto de retórica, estes diriam que "situações extremas requerem medidas extremas". E, na dúvida, que se imprima um zilhão a mais.

Chegara a era das políticas monetárias não convencionais. Essa era a dura realidade. Talvez com a exceção do episódio japonês[53], os bancos centrais dos países desenvolvidos se encontravam em "águas desconhecidas". Quiçá a melhor descrição seja do próprio presidente do Federal Reserve, Ben Bernanke, ao afirmar que, desde o início da crise de 2008, "os banqueiros centrais estão no processo de 'aprendendo com a prática'"[54].

Ao invés de confiança, banqueiros centrais têm inspirado inquietude. Quem aprende com a prática é porque carece de uma sólida teoria fundamentando suas ações. Na era do padrão-PhD[55], o sistema monetário internacional está à mercê das arbitrariedades e discricionariedades de doutores em economia que creem cegamente em suas teorias, mas questionam a realidade, negando esta quando aquelas parecem não funcionar.

Desde o início da nona fase, em 1973, vivemos em um ambiente em que as principais moedas de reserva flutuam entre si. Contudo, o fato é que flutuam somente enquanto os desvios nas taxas de câmbio e de inflação se dão de forma muito dilatada no tempo, quase que despercebidamente. No

---

panfleto explicativo sobre "Afrouxamento Quantitativo" Quantitative Easing Explained http://www.bankofengland.co.uk/monetarypolicy/Documents/pdf/qe-pamphlet.pdf. Talvez o melhor resumo da crise e das ações sem precedentes adotadas pelos bancos centrais tenha sido a de um leitor do *Financial Times* de Londres, cuja carta foi publicada no periódico britânico e comentada por James Grant, editor do *Grant's Interest Rate Observer*. A carta dizia: "Finalmente eu entendo, acho que eu sei o que é afrouxamento quantitativo. O que eu não mais entendo é o significado da palavra 'dinheiro'".

53 Desde o estouro da bolha imobiliária japonesa, a autoridade monetária do país, o Banco do Japão, adotou medidas extremamente frouxas para evitar o colapso de bancos e empresas; reduziu as taxas de juros próximo a zero em meados da década de 90, patamar que segue sendo mantido.

54 Discurso de Ben Bernanke em Jackson Hole, Wyoming, EUA, "*Monetary Policy since the Onset of the Crisis*", agosto de 2012.

55 Termo empregado por James Grant ao criticar o sistema monetário vigente, no qual o padrão-ouro faz parte de um passado remoto e quem determina a oferta monetária de uma economia são economistas com seus doutorados e o auxílio de modelos econométricos.

momento em que há oscilações repentinas e intensas nas taxas de câmbio, os bancos centrais de países desenvolvidos são instigados a intervir. Na prática, moeda flutuante é somente aceita quando flutua sem se mover muito, seja qual for a direção. Se o câmbio se deprecia demais, aumentarão os preços dos bens importados, minando os índices de inflação. Quando, no entanto, o câmbio se aprecia muito, o *lobby* exportador fará enorme pressão para que o governo intervenha, desvalorizando o câmbio e devolvendo a competitividade aos exportadores.

Ao estourar a crise em 2008, as políticas monetárias tradicionais não seriam mais suficientes. A era das políticas não convencionais marcou o início da décima fase do Colapso Monetário do Ocidente. O apuro em que nos encontramos é resultado direto de quatro décadas de papel-moeda puramente fiduciário, sem qualquer lastro além da "confiança" dos governos. Crises financeiras não intencionadas, mas geradas por governos, impeliram as autoridades monetárias a adotar políticas jamais pensadas, nem mesmo dias antes de serem aplicadas. Desde a quebra do banco *Lehman Brothers*, em setembro de 2008, até o final de 2012, o Federal Reserve mais que triplicou o seu balanço – assim como o fez o Banco da Inglaterra –, comprando de ativos tóxicos (leia-se de nenhum valor) a títulos do tesouro americano.

Pressionado a acudir os países em dificuldades na rolagem de dívida, o Banco Central Europeu tampouco ficou para trás. Dobrou seu balanço por meio de diversas medidas de "liquidez" direcionadas ao setor bancário e compras diretas de títulos soberanos.

Logicamente, a maior oferta de euros depreciou a moeda única europeia, levando investidores à busca de portos seguros alhures. A desvalorização do euro repercutiu diretamente no franco suíço. Servindo de refúgio em um ambiente altamente volátil e imprevisível, a moeda suíça valorizou-se fortemente, instigando o conservador Banco Nacional da Suíça (BNS) a anunciar algo até então impensável para uma autoridade monetária com a reputação e o histórico do BNS: em setembro de 2011, quebrando um paradigma de décadas, o BNS abandonaria o câmbio flutuante, estabelecendo um piso para a cotação do euro. E, seguindo fielmente sua promessa, o BNS tem de fato expandido o seu balanço de forma assustadora e sem precedentes.

Quando não podem servir de refúgio nem mesmo as moedas nacionais consideradas fortes e seguras, resta aos investidores recorrer ao ativo que não é passivo de ninguém, o ouro. Repercutindo a brusca depreciação das principais moedas globais, a cotação do metal sofreu uma forte alta durante o novo milênio, sendo cotado no final de 2012 em cerca de US$1.650 a onça troy. Em questão de três anos desde as medidas extraordinárias dos bancos centrais em 2008, a cotação do ouro mais que dobrou. O ativo que serviu de reserva às autoridades monetárias por séculos está longe de ser desmonetizado, ao contrário das previsões de keynesianos e friedmanianos.

A inflação de preços, todavia, ainda não se tornou rampante porque grande parte do dinheiro criado pelas autoridades monetárias está sendo represada pelo sistema bancário nos próprios bancos centrais. Porém, a inflação monetária já está consumada, e o potencial de aumento generalizado nos preços está latente no sistema.

Fica claro que o atual arranjo monetário está longe de ser estável e seguro. Desde o estouro da última crise, o sistema monetário tornou-se ainda mais sujeito às arbitrariedades dos banqueiros centrais. Presenciamos uma renovada "guerra cambial", embora diferentes países inflem suas moedas por distintas razões; uns para salvar o sistema bancário, outros para monetizar a dívida de soberanos, e alguns para evitar uma sobrevalorização repentina de suas moedas. Nesse ambiente, o comércio internacional é prejudicado, quando não impossibilitado, aumentando as tensões e os possíveis conflitos entre estados. Não sofremos de crise de balança de pagamentos. Sendo as taxas flutuantes, ainda que com muita intervenção, os déficits e superávits jamais são corrigidos. Os Estados Unidos seguem acumulando sucessivos déficits em sua balança comercial, e o mundo aceita dólares em troca, reinvestindo-os na própria dívida do Tio Sam. O economista francês Jacques Rueff, ao prever a ruptura do sistema de Bretton Woods na década de 60, dizia que um dia os países se rebelariam e poriam um fim ao acúmulo indiscriminado de dólares.

É inegável que a situação atual é igualmente insustentável. Mas é difícil prever qual caminho os burocratas decidirão tomar. Durante o ano de 2012, o FED anunciou novas rodadas de QE3[56] e QE4 sem limites quanto a prazo e tamanho das injeções monetárias. Na mesma linha, o presidente do BCE, Mario Draghi, prometeu "fazer o que fosse necessário" para segurar o euro, dirimindo quaisquer dúvidas que ainda permanecessem quanto à sua determinação em imprimir dinheiro. E a verdade é que a "necessidade" de impressão de dinheiro não deve arrefecer tão cedo, uma vez que os desequilíbrios orçamentários dos principais governos do mundo, em conjunto com seus níveis de endividamento estratosféricos, exercerão enorme pressão para que banqueiros centrais monetizem dívida soberana. Depois do estouro de

---

56 O anúncio foi dado em setembro de 2012, mas o seu efetivo início somente se deu em janeiro de 2013, quando o balanço do Federal Reserve *finalmente* ultrapassou a marca de US$ 3 trilhões. O BCE, no entanto, reduziu levemente seu balanço durante o período de setembro de 2012 a janeiro de 2013.

todas as bolhas possíveis, resta agora estourar a mãe de todas as bolhas, a de dívida soberana e das promessas de governos[57].

Mas nem tudo é notícia negativa. Em virtude do aparente fracasso da moeda única europeia, o ideal de Keynes, a unidade mundial de papel-moeda e o Banco Central mundial, parece um pouco mais distante do que quando Rothbard escreveu a última edição desta obra. Pelo menos essa nefasta alternativa permanece, por ora, longe de se concretizar.

Não obstante, tampouco estamos próximos de uma solução definitiva e duradoura para a ordem monetária internacional. Embora a Escola Austríaca de Economia tenha-se fortalecido após o estouro da recente crise, os ideais de moeda-mercadoria e privada seguem marginalizados. O que dizer da reinstituição do ouro como padrão monetário? É preciso muito otimismo para acreditar que os políticos atuais se sujeitariam livremente à camisa de força imposta pelo metal.

A despeito de todos os inerentes problemas de um sistema de papel-moeda puramente fiduciário, aperfeiçoá-lo seria inútil, mas livrar-se dele não será tarefa fácil. Enquanto uma verdadeira reforma não ocorrer, presenciaremos todos os efeitos gerados pelas medidas inflacionistas dos governos. E, independentemente da forma ou tecnologia empregada na impressão de dinheiro, a verdade é que a humanidade já experimentou episódios similares. Nunca foi diferente, e desta vez tampouco o será. Bernanke argumenta que, desde o estouro da crise em 2008, banqueiros centrais estão "fazendo e aprendendo". Infelizmente, a lição já foi dada, e a história está repleta de episódios desastrosos na tentativa de ingerência estatal no âmbito monetário. Mas as escolas de pensamento às quais banqueiros centrais recorrem nada aprenderam com ela. O prognóstico do sistema monetário internacional, em consequência, segue na mesma direção antecipada por Murray Rothbard na última edição da presente obra:

> Até e a menos que retornemos ao padrão-ouro clássico num preço de ouro realista, o sistema monetário internacional está fadado a ficar alternando entre taxas de câmbio fixas e flutuantes, com cada sistema apresentando problemas não resolvidos, funcionando mal e, por fim, se desintegrando. E estimu-

---

57 Como escreveu o famoso investidor John Mauldin em sua carta semanal, no dia 14 de janeiro de 2013, "A insustentabilidade a que me refiro é aquela da maior bolha da história da humanidade: a de dívida soberana aliada às promessas de governos que não podem ser cumpridas. E ao contrário de 1993, quando apenas países desenvolvidos como Canadá e Suécia tiveram que lidar com dívida insustentável, orçamentos inchados, e promessas irrealistas, desta vez os países "bolha" englobam as maiores economias e a maior parte do PIB mundial."

lando essa desintegração estará a contínua inflação da oferta de dólares e, portanto, dos preços norte-americanos, que não mostram sinais de diminuição. A perspectiva para o futuro é uma inflação acelerada, e depois, desembestada nos Estados Unidos, acompanhada de uma quebra monetária e uma guerra econômica no exterior. Esse prognóstico só poderá ser mudado por uma drástica alteração no sistema monetário internacional e norte-americano: pelo retorno a um livre mercado de moeda-mercadoria tal como o ouro e pela total remoção do governo da cena monetária.

Rettec artes gráficas e editora

Rua Xavier Curado, 388 • Ipiranga - SP • 04210 100
Tel.: (11) 2063 7000 • Fax: (11) 2061 8709
rettec@rettec.com.br • www.rettec.com.br